Luciana Maria Caetano
(org.)

A ESCOLA CONTEMPORÂNEA

e os novos desafios aos educadores

Dados Internacionais de Catalogação na Publicação (CIP)
(Câmara Brasileira do Livro, SP, Brasil)

A escola contemporânea e os novos desafios aos educadores / Luciana Maria
Caetano, (org.). – São Paulo : Paulinas, 2012. – (Coleção docentes em
formação)

Vários autores.
ISBN 978-85-356-3374-0

1. Piaget, Jean, 1896-1980   2. Prática de ensino   3. Professores - Formação
profissional - Brasil   I. Caetano, Luciana Maria.   II. Série.

12-12993   CDD-370.71

Índices para catálogo sistemático:

1. Docentes : Formação profissional : Educação   370.71
2. Professores : Formação profissional : Educação   370.71

DIREÇÃO-GERAL: *Bernadete Boff*
EDITORA RESPONSÁVEL: *Andréia Schweitzer*
COPIDESQUE: *Cirano Dias Pelin*
COORDENAÇÃO DE REVISÃO: *Marina Mendonça*
REVISÃO: *Sandra Sinzato*
ASSISTENTE DE ARTE: *Ana Karina Rodrigues Caetano*
GERENTE DE PRODUÇÃO: *Felício Calegaro Neto*
CAPA E DIAGRAMAÇÃO: *Manuel Rebelato Miramontes*

*Nenhuma parte desta obra poderá ser reproduzida ou transmitida por qualquer forma e/ou
quaisquer meios (eletrônico ou mecânico, incluindo fotocópia e gravação) ou arquivada em
qualquer sistema ou banco de dados sem permissão escrita da Editora. Direitos reservados.*

Paulinas
Rua Dona Inácia Uchoa, 62
04110-020 – São Paulo – SP (Brasil)
Tel.: (11) 2125-3500
http://www.paulinas.org.br – editora@paulinas.com.br
Telemarketing e SAC: 0800-7010081
© Pia Sociedade Filhas de São Paulo – São Paulo, 2012

À Maria Clara,
ao João Miguel
e ao João Pedro.

Sumário

Introdução 7
Luciana Maria Caetano

1. Concepções educativas de pais e professores sobre respeito: o sentimento de obrigação moral 13
Luciana Maria Caetano

2. Vontade como regulador afetivo em escolares 43
Betânia Alves Veiga Dell'Agli

3. Intervenção do professor em situações lúdicas coletivas: construindo relações cooperativas 63
Heloisa Helena Genovese de Oliveira Garcia

4. Família, filhos e consumo, relação equilibrada? 93
Maria A. Belintane Fermiano

5. A virtude do amor nas representações de si de professores 123
Fernando Augusto Bentes de Souza

6. Desenvolvimento cognitivo e dificuldades de aprendizagem 141
Solange Franci Raimundo Yaegashi

Introdução

O nosso principal objetivo neste livro é trazer ao leitor – seja ele estudante de pedagogia e/ou licenciaturas, professor de educação infantil, ensino fundamental ou médio, coordenador pedagógico, diretor de escola, orientador educacional, supervisor de ensino, pedagogo ou profissional de áreas afins, pai ou mãe, enfim, educadores e interessados no tema – uma discussão sobre temáticas que compreendemos como novos desafios ao educador na escola atual.

Nós, autores, somos docentes de variadas universidades e estados brasileiros, unidos por um mesmo referencial teórico: os estudos de Jean Piaget sobre a epistemologia genética e o desenvolvimento humano. Esperamos que o nome de Jean Piaget não assuste o leitor, pois os temas que propomos neste livro poucas pessoas remeteriam a ele ou ousariam pensar que sua teoria, tão mal interpretada e mal lida, pudesse se constituir como pano de fundo para os estudos apresentados aqui.

Assim, acreditamos que essas páginas apresentem uma nova leitura da própria teoria piagetiana. Realizamos essa leitura a partir de diferentes questões que nos levaram a debruçarmo-nos sobre a teoria e a prática pedagógica, através de nossas pesquisas, em busca de respostas para problemáticas que julgamos desafiadoras e que não podem ser negligenciadas em nossas escolas.

Tais problemas são geralmente relegados a segundo plano nas instituições de ensino, não por desinteresse por parte dos que lá trabalham, mas, na maioria das vezes, por falta de conhecimento teórico adequado para lidar com as situações, que são enfrentadas pelo educador através do bom senso, de experiências vividas e ou de intuições – o que nem sempre se mostra como um caminho seguro ou adequado.

Por isso, este livro propõe a discussão dos novos desafios que rondam nossas salas de aula: o respeito (ou a ausência dele) nas relações interpessoais na escola e na família, a vontade (ou falta dela) como regulador afetivo (pensando na ausência de interesse, envolvimento e atenção nas aulas); a construção de relações cooperativas pensando em boas intervenções do professor partindo de atividades lúdicas; o problema ou fantasma do consumo que ronda filhos, famílias e chega às escolas transformando-as em objeto de mercado; a virtude do amor do professor (porque, com tantos desafios e contrariedades, haja amor!); e, finalmente, um desafio que é bastante antigo, mas se mantém sempre atual em nossas escolas: a questão da promoção do desenvolvimento cognitivo de nossos alunos discutido à luz das dificuldades de aprendizagens – problema que assusta, intimida e angustia tanto os formandos em pedagogia e licenciaturas quanto os docentes atuantes.

Quando nos reunimos para organizar este livro, pensamos que nossos estudos e pesquisas pudessem, em virtude da natureza tão atrevida e atual de nossas temáticas, contribuir com a formação e reflexão de nossos alunos, de nossos colegas da educação básica e de todos os profissionais da educação que, assim como nós, acreditam na importância dos professores na vida e na formação das crianças e jovens. Nesse sentido, dividimos um pouco de nós mesmos como professores, de nossas experiências e questionamentos que também nos encaminharam à ampliação de nossos estudos.

Os capítulos que apresentamos são resultado da discussão e reflexão sobre os temas que conduziram nossos estudos de doutoramento e que nos encaminharam à opção de docentes pesquisadores, sempre às voltas com novas perguntas e questionamentos diante da educação, como um processo que envolve aspectos cognitivos, afetivos, morais e sociais. Trata-se de estudos científicos, escritos de maneira acessível e ricos em exemplos, com implicações pedagógicas pontuadas ao final de cada capítulo, para que a leitura seja a um só tempo enriquecedora, formativa e incentivadora de transformações do agir docente, bem como fonte de novas ideias e novos questionamentos.

O breve resumo de cada capítulo, que apresentamos a seguir, tem o intuito de instigar o leitor e acirrar sua curiosidade e desejo de caminhar conosco por estas linhas que contam, em primeiro lugar, os nossos diálogos com os autores que nos fundamentaram, oferecendo uma bibliografia atual e competente sobre cada temática, e, em segundo lugar, os dados e resultados de nossas pesquisas de campo, local profícuo onde nos encontramos com a realidade da educação brasileira, com seus percalços, suas concepções, seus labirintos e desafios.

O primeiro capítulo é de minha autoria e intitula-se "Concepções educativas de pais e professores sobre respeito: o sentimento de obrigação moral". O texto propõe a reflexão sobre o sentimento de obrigação moral – respeito – e o seu significado nas relações interpessoais na sala de aula. Toda a discussão sobre o sentimento de respeito, ultimamente tão ausente nas relações entre alunos e professores, pais e filhos, escola e família, é realizada com base em pesquisa a respeito das concepções de familiares e professores sobre qual o seu papel na construção de relações respeitosas com seus filhos e educandos.

9

O segundo capítulo, de autoria de Betânia Alves Veiga Dell'Agli, cujo título é "Vontade como regulador afetivo em escolares", tem como tema a dimensão afetiva do processo de construção do conhecimento, mais especificamente a vontade como um processo psicológico fundamental aos estudantes. Segundo a autora, a análise da vontade como regulador afetivo no âmbito escolar é pertinente, visto que existe uma queixa, principalmente por parte dos educadores, de que os alunos encontram-se desinteressados, desmotivados e consequentemente pouco se envolvem com as tarefas escolares. A questão que ela nos coloca é a seguinte: todas as crianças conseguem realizar a operação afetiva da vontade em prol do estudo, do conhecimento? Seu texto explica o conceito desse processo psicológico intitulado "vontade" e alerta os professores sobre o cuidado com rotulações inadequadas e desprovidas de entendimento teórico do que se quer dizer com alunos "sem força de vontade para estudar".

Heloísa Helena Genovese de Oliveira Garcia é autora do terceiro capítulo: "Intervenção do professor em situações lúdicas coletivas: construindo relações cooperativas". A autora nos propõe a reflexão sobre as seguintes questões: é possível ensinar a cooperação? E os jogos, que envolvem necessariamente uma dimensão competitiva, podem ser úteis nessa tarefa? Conforme se pode ler e aprender com seu texto, o jogo vivido coletivamente cria um espaço que envolve afetivamente os participantes. Desse modo, torna possível o aprender a cooperar, porém não como uma instrução ou transmissão de um conteúdo, mas como vivência e experiência que superam todo e qualquer discurso, porque o jogo é lúdico, se realiza com o outro, depende dele, de suas jogadas, de sua postura ética e envolve a aprendizagem única de conviver. Mas, para que tudo isso realmente aconteça, a intervenção oportuna do professor é essencial.

"Família, filhos e consumo: relação equilibrada?" é o título do quarto capítulo, de Maria Aparecida Belintane Fermiano. Segundo a autora, consumo é uma área de estudos que tem, recentemente, ocupado um relevante lugar nas ciências sociais e nos estudos históricos. Trata-se de uma temática atual e extremamente relevante, pois tem influenciado e modificado o comportamento de toda a nossa sociedade, das famílias e especialmente das crianças. Conceitos como "psicologia econômica" e "educação econômica" são discutidos no texto, que também apresenta propostas de projetos de alfabetização econômica.

O quinto capítulo é de Fernando Augusto Bentes de Souza e intitula-se "A virtude do amor nas representações de si de professores". O autor afirma que várias questões afetam a formação e a atuação dos professores: os conflitos e as alegrias, os tropeços, as glórias e os fracassos que sofrem na profissão; as escolhas; os vínculos afetivos que estabelecem; as motivações; os desejos e seus princípios. Trata-se, portanto, dos conceitos e das representações de si, das virtudes morais e, especialmente, da virtude do amor, que é aquela apresentada como a principal virtude do professor.

"Desenvolvimento cognitivo e dificuldades de aprendizagem" é o título do último capítulo, cuja autora é Solange Franci Raimundo Yaeyashi. Ela discute as relações entre desenvolvimento cognitivo e desempenho escolar, mencionando que há na literatura inúmeras pesquisas com intuito de encontrar alguma inter-relação entre essas variáveis. A problemática colocada se justifica pelo fato de muitas crianças serem encaminhadas pelos professores para os mais diversos profissionais, os quais, muitas vezes, se tornam coniventes com as afirmações daqueles ao assinarem laudos afirmando a incapacidade dessas crianças. Como psicóloga, a autora acredita que é imprescindível uma revisão dessa prática, bem como a dos instrumentos que se utilizam na tentativa de compreender o fenômeno da dificuldade de aprendizagem.

Desejamos a todos uma leitura produtiva!

Luciana Maria Caetano

1. Concepções educativas de pais e professores sobre respeito: o sentimento de obrigação moral

Luciana Maria Caetano *

A proposta deste capítulo é apresentar uma discussão sobre o sentimento de obrigação moral – respeito – e refletir sobre o seu significado nas relações interpessoais na sala de aula. Pensamos em refletir sobre um conhecimento de senso comum que ronda nossas salas de aula, de que os alunos hoje em dia não respeitam mais seus professores e seus pais, não respeitam seus colegas nem a si mesmos. Todavia, entendendo que nossos alunos, sejam crianças, sejam adolescentes, estão em desenvolvimento e, portanto, ainda estão aprendendo sobre as relações pessoais, teremos como foco neste trabalho o papel do adulto – familiares (pais, mães e responsáveis) e professores – na construção de relações respeitosas.

O trabalho dos pais e professores tem uma função decisiva no processo vivenciado por toda criança e adolescente no desenvolvimento de uma personalidade autônoma, compreendida por Jean Piaget (1932) – autor cujos estudos

---

* Graduada em Pedagogia pelo Centro Universitário Salesiano de São Paulo (2005); mestre em Psicologia Escolar e do Desenvolvimento Humano pelo Instituto de Psicologia da Universidade de São Paulo (2005); doutora em Psicologia Escolar e do Desenvolvimento Humano pelo Instituto de Psicologia da Universidade de São Paulo (2010). Professora adjunta da área de Psicologia da Educação do Departamento de Teoria e Prática da Educação e professora do Programa de Pós-Graduação em Educação da Universidade Estadual de Maringá. Docente do curso de Pedagogia e do mestrado em Educação. Trabalha principalmente com os temas referentes à psicologia do desenvolvimento moral, relação escola e família, educação moral na família e na escola. E-mail: <luciana. caetano@hotmail.com>.

fundamentam o presente capítulo – como a capacidade de pensar, sentir e agir livremente bem, independentemente da presença e do controle da autoridade.

O capítulo se divide em três partes: a primeira apresenta a explicação piagetiana do sentimento moral intitulado respeito, que, segundo a *teoria do juízo moral*, de Jean Piaget, trata-se do sentimento de obrigação moral, ou seja, o sentimento que nos move em direção a um agir pautado em regras e princípios. A segunda parte do texto apresenta o resultado de um estudo: a análise das respostas dadas por pais e professores a uma escala que investiga relações de respeito com adolescentes, dados obtidos em nossa pesquisa de doutorado.[1] Finalmente, na última parte deste capítulo nos debruçamos sobre as implicações pedagógicas do resultado encontrado, considerando alguns aspectos importantes para essa discussão: os estudos sobre a família e a escola como contexto de desenvolvimento e educação moral e as contribuições dos atuais estudos sobre educação moral para a formação e a atuação do professor.

RESPEITO: SENTIMENTO DE OBRIGAÇÃO MORAL

Um pai deve mexer nas coisas do filho sem sua permissão? Essa questão levanta muitas discussões, porém dois argumentos são escolhidos e comentados aqui devido à sua contradição: o primeiro postula o fato de que o pai deve e pode mexer nas coisas do filho para acompanhar o seu desenvolvimento e para checar se está tudo bem com ele – isto é, se não há indícios de envolvimento com más companhias ou com situações de risco. Portanto, trata-se de uma atitude justificável pela virtude do cuidado com o filho, função de

---

[1] CAETANO, L. M. *Autonomia, adolescência e a relação pais e filhos*; Escala de Concepções Morais.

todo e qualquer pai. O segundo argumento afirma que os pais constituem fonte de regras e de deveres para os filhos. Desse modo, precisam ser pessoas que cumprem as regras apresentadas para que o sujeito possa contar com aquilo que garante o desenvolvimento da consciência de obrigação: boas regras e boas pessoas.

E o professor? Pode o professor revistar bolsas e mochilas de alunos quando some algum objeto em sala de aula? Os argumentos seriam exatamente os mesmos? Pensemos na relação entre essas perguntas simples e corriqueiras e a teoria do juízo moral de Jean Piaget e seus estudos sobre o sentimento de respeito.

Piaget (1932/1994, p. 277) busca na teoria de Pierre Bovet a explicação para a gênese do sentimento de obrigatoriedade moral, ou seja, o que faz com que a criança se empenhe em obedecer às regras ou aos acordos propostos pelo ambiente no qual convive com os adultos, principalmente seus pais, uma vez que, segundo o autor, a gênese desse sentimento se manifesta na criança por volta dos dois ou três anos. O autor concorda com a proposta de Bovet de que há a necessidade de contato entre dois indivíduos pelo menos para constituir uma regra obrigatória. Portanto, o sentimento de respeito implica necessariamente a relação com o outro. Logo, não há quem possa negar a importância da relação das crianças com os adultos que lhe são caros para aprender a estabelecer as relações de respeito.

Segundo Piaget,

> duas condições são necessárias e sua reunião suficiente para que tenha origem o fato da obrigação: de um lado, que o indivíduo receba ordens e, de outro, que aquele que as recebe respeite aquele que as dá; sem ordens, nem regras, portanto, nem deveres, mas, sem respeito, as ordens não seriam aceitas, portanto, as regras não poderiam obrigar a consciência (p. 278).

As crianças precisam que os adultos lhes ensinem as regras de convívio, mas, especialmente, que tais adultos sejam o exemplo dessas regras. Dessa forma, é dever dos pais não mexer nas coisas do filho sem a sua permissão. E é óbvio que nenhum professor pode desrespeitar o limite da propriedade alheia utilizando sua autoridade docente para revistar mochilas de alunos.

Esses simples exemplos de situações tão corriqueiras da convivência entre pais e filhos, ou entre professores e alunos, ilustram o que Piaget explica como a diferenciação entre respeito mútuo e respeito unilateral. Já no período da gênese da moralidade, quando a criança pequena começa a ser introduzida no mundo regrado dos adultos, os dois tipos de respeito propostos por Piaget se diferenciam, e a evolução desse sentimento pode ser observada na teoria piagetiana:

> Acontece, de fato, que a criança em presença de seus pais, tem espontaneamente a impressão de ser ultrapassada por algo superior a ela. Logo, o respeito mergulha suas raízes em certos sentimentos inatos e resulta de uma mistura *sui generis* de medo e afeição, que se desenvolve em função das relações da criança com seu ambiente adulto (p. 279).

Esse primeiro tipo de sentimento – o respeito unilateral – é um sentimento experimentado pelos pequenos em relação aos maiores e explica a gênese da moralidade. A criança se sente na obrigação de cumprir regras dadas pelos adultos com os quais convive na medida em que o contato com o outro permite a ela, em primeiro lugar, a convivência com as regras. Logo, cabe aos pais e professores trabalharem com regras e limites com as crianças bem pequenas.

Assim, o menino ou a menina de dois a três anos percebe inicialmente as regras como sagradas e imutáveis exatamente porque são oriundas de alguém por quem a criança sente simpatia, medo ou temor: o adulto que convive com ela. Inicialmente, esse medo ou temor é do castigo pela desobediência, receio de perder o afeto e os cuidados desse adulto, ou seja, o respeito unilateral, próprio das relações de moral heterônoma. Segundo Macedo (1996, p. 195), o respeito unilateral supõe duas formas de relação de heteronomia e sentimento de dever. A primeira faz sentido ao menos do ponto funcional, pois é desejada por aqueles que se submetem ao outro. Como exemplo, o autor cita a submissão de alguns a um conjunto de regras dadas arbitrariamente para participarem de um jogo. Não têm autonomia para mudar ou alterar as regras, e se quiserem jogar devem submeter-se a elas.

Outra forma de respeito unilateral é aquela que supõe a desigualdade entre o que respeita e o respeitado. Esse é exatamente o tipo de respeito unilateral que nasce na criança pequena como o sentimento de obrigação moral que a insere no contexto da moralidade.

Especialmente se a coação é o procedimento da educação da criança pelo adulto – como, por exemplo, quando os pais que acreditam que em nome da educação e do cuidado pelo filho podem invadir o limite da propriedade alheia, mexendo nas suas coisas sem lhe pedir permissão (pensando aqui, obviamente, em crianças mais velhas, que já podem compreender esse tipo de comportamento do adulto), ou dando palpite em tudo o que o filho faz, invadindo dessa vez a sua liberdade de fazer escolhas independentemente da opinião paterna ou materna –, a tendência que observamos na formação da criança é que ela permaneça na moral heterônoma, sempre dependente das ordens e do controle do adulto.

O segundo tipo de respeito, o respeito mútuo, pelo contrário, é próprio das relações de cooperação, que conduzem à autonomia. Segundo a conceituação de Piaget (1932/1994),

17

o respeito unilateral ou respeito do menor pelo maior desempenha um papel essencial: leva a criança a aceitar todas as instruções transmitidas pelos pais e é assim o grande fator de continuidade das gerações. [...] O respeito mútuo aparece como a condição necessária da autonomia, sob seu duplo aspecto intelectual e moral. Do ponto de vista intelectual, liberta a criança das opiniões impostas, em proveito da coerência interna e do controle recíproco. Do ponto de vista moral, substitui as normas da autoridade pela norma imanente à própria ação e à própria consciência, que é a reciprocidade na simpatia (p. 91).

Contudo Piaget afirma que não se pode atingir a autonomia a partir de relações apenas fundamentadas nas relações de coação e no respeito unilateral. O adulto precisa ensinar a obedecer às regras e não a obedecer a si. Além disso, as relações de respeito com a criança precisam superar a fase inicial do respeito apenas do mais novo para com o mais velho, que ampara a obediência no medo do adulto. A questão é que nem sempre o adulto é capaz de utilizar com seus filhos e alunos o respeito mútuo. O respeito mútuo é próprio da relação entre iguais, portanto implica a reciprocidade.

A relação entre pais e filhos não é recíproca, pois se constitui uma relação de desigualdade pela presença da autoridade. Mas é possível que os pais estabeleçam com seus filhos uma educação moral pautada no respeito de todos, pais e filhos, por princípios de justiça. Conforme as palavras de Piaget (1930/1996),

[...] a educação moral fundada sobre o respeito exclusivo ao adulto ou às regras adultas desconhece este dado essencial da psicologia de que existe na criança não uma, mas duas morais presentes; assim os procedimentos educativos fundados somente no respeito unilateral negligenciam a metade, e não a menos importante, dos profundos recursos da alma infantil (p. 12).

Parece que os pais e, principalmente, os professores desconhecem mesmo essa possibilidade de procedimentos educativos que favoreçam as relações de cooperação e respeito mútuo na sala de aula, como a construção de regras de convivência com o grupo, o uso de sanções que levem os alunos a arcar com as consequências dos próprios atos para a restituição das regras quebradas, entre outros procedimentos. Por outro lado, os problemas na relação pais e filhos são visíveis e observáveis nos dados empíricos de pesquisas de desenvolvimento moral. Os pais não têm certeza de seus valores ao educar, portanto acabam confundindo em primeiro lugar o seu próprio papel na formação do filho, não tendo clareza de seus objetivos ao educar (Caetano, 2008). Segundo Macedo (1996, p. 197), "professores e pais tornaram-se ambivalentes e críticos de sua função docente ou paterno/materna. Perderam o respeito pelo seu lugar. Encheram-se de dúvidas". Assim, um dos objetivos deste capítulo é exatamente auxiliar o professor, como especialista em educação, a compreender o seu papel e, portanto, sentir--se mais bem preparado para o convívio com as crianças e adolescentes, de modo cooperativo e adequado.

Mas, ainda refletindo sobre as noções de respeito unilateral e respeito mútuo, duas questões necessitam ser apresentadas.

A primeira é que, ainda que não seja suficiente para a construção da moralidade, o respeito unilateral tem a sua importância para tal construção enquanto gênese da moralidade na criança. Logo, se os pais abdicam de seu papel enquanto fonte e modelo de regras, as crianças permanecem na anomia.

[...] o respeito unilateral é de grande importância prática, porque é assim que se constitui a consciência elementar do dever e o primeiro controle normativo do qual a criança é capaz. Mas parece-nos evidente que esta aquisição não basta para constituir a verdadeira moralidade (Piaget, 1932/2000, p. 299).

O mesmo podemos dizer em relação aos professores de crianças pequenas. Não vale a pena o professor ficar culpando a família por ela não trabalhar mais os limites das crianças. A sala de aula é um espaço excelente para que elas aprendam boas regras que lhes servirão pelo resto de suas vidas. Por outro lado, se professores insistem na heteronomia, impondo às crianças regras inquestionáveis, acreditando que os alunos devam obedecer cegamente às ordens dos professores e não se dispondo a explicar as justificativas para tais regras, negando-se também a dialogar com os alunos, e até mesmo fazendo-se valer de ofensas sob o pretexto de educá-los, estarão reforçando, mediante o respeito unilateral, a permanência do sujeito na heteronomia através de relações interindividuais fundamentadas na coação:

> A grande diferença entre a coação e a cooperação, ou entre o respeito unilateral e o respeito mútuo, é que a primeira impõe crenças ou regras completamente feitas, para serem adotadas em bloco, e a segunda apenas propõe um método de controle recíproco e de verificação no campo intelectual, de discussão e de justificação no domínio moral (Piaget, 1932/1994, p. 83).

Daí o autor afirmar que dificilmente os pais conseguem atuar junto aos filhos sem utilizarem-se da coação. Mesmo os pais conhecedores dos aspectos referentes ao desenvolvimento moral do sujeito – casos raros, visto que a maioria dos pais desconhece as características do desenvolvimento de seus filhos – têm grande dificuldade para fundamentar a educação dos jovens no respeito mútuo e, conforme se verifica, alguns pais chegam a abdicar do seu papel de genitores, deixando o jovem sozinho nesse processo de tornar-se adulto – fator igualmente pernicioso.

E os professores, o que sabem sobre as relações de respeito com os alunos? Nossa experiência com cursos de formação de professores nos mostra que os professores desconhecem essa teoria, pois as questões da ética e da educação moral na educação raramente são trabalhadas na formação básica do professor, bem como raros também são os cursos de formação continuada sobre o tema. Logo, é preciso que o professor conheça a possibilidade de auxiliar o seu aluno a evoluir nas relações interpessoais, podendo superar o respeito unilateral. Piaget (1932/1994) afirma:

> Entre o respeito unilateral do pequeno, que recebe uma ordem sem réplica possível, e o respeito mútuo de dois adolescentes, que trocam seus pontos de vista, há todos os intermediários. Nunca há coação pura, portanto nunca há respeito puramente unilateral: a criança, por mais submissa que seja, tem a impressão de que pode ou poderia discutir, que uma simpatia mútua envolve as relações, por mais autoritárias que sejam. Inversamente, nunca há cooperação absolutamente pura: em toda discussão entre iguais, um dos interlocutores pode fazer pressão sobre o outro através de desafios, ocultos ou explícitos, ao hábito e à autoridade (p. 79).

Portanto, educação moral é um processo que necessita de compromisso e confiança por parte do adulto, de modo a providenciar para a relação com as crianças e os adolescentes a confiança recíproca. Educar moralmente é auxiliar a criança a conhecer e respeitar as regras, refletindo sobre elas e compreendendo seus princípios, de modo que possa expor seus pontos de vista e tenha a oportunidade de realizar escolhas, arcar com as consequências de seus atos e se convencer de quais são as melhores formas de agir, para que, quando for adulta, possa legitimar as regras e compreendê-las como representadoras do bem comum.

Educar moralmente implica um processo complexo no qual os tipos de relações interindividuais vivenciadas pela criança e pelo jovem farão toda a diferença: "Regra supõe respeito e este implica autoridade, disciplina, referência, entrega e sobretudo trabalho e construção" (Macedo, 1996, p. 194). Sobre a questão da autoridade, disciplina e referência, La Taille (1996, p. 174) afirma que

a questão do lugar da disciplina ainda inquieta pais e educadores. Hoje, ouve-se muito falar que as crianças precisam de "limites", e que, justamente, não os têm (tema essencialmente de classe média, deve-se convir). Da preocupação com impor limites a voltar a uma educação moral "disciplinar", no sentido tirânico da palavra, é só um passo.

A questão é que os pais – e o mesmo vale para os professores – podem acabar sendo autoritários demais, de modo que não permitam aos seus filhos e alunos a experiência da troca de pontos de vista e da construção da autonomia. Por outro lado, em nome de uma educação antiautoritarismo, o inverso também é frequente, ou seja, os pais e professores deixam de cumprir o seu papel de autoridade, e a excessiva permissividade ou a negligência tornam-se da mesma forma prejudiciais à formação das crianças e dos jovens. Muitos nem sequer demonstram interesse por aquilo que o filho ou aluno faz, sendo raros os momentos de conversa com as crianças e, especialmente, com os adolescentes. Piaget (1932/1994) afirma:

Primeiro, é preciso distinguir o mútuo consentimento em geral e o respeito mútuo. Pode haver mútuo consentimento no vício, porque nada impede que as tendências anárquicas de um indivíduo convirjam para as do outro. Ao contrário, quem diz "respeito" (isso é verdadeiro, pelo menos no tocante ao respeito mútuo) diz admiração por uma personalidade, enquanto, justamente, essa personalidade se submete às regras. Portanto, só poderá haver respeito mútuo por aquilo que os próprios indivíduos considerarem como moralidade (p. 84).

A partir dessa citação de Piaget, pode-se falar do trabalho de referência e entrega que compete aos professores – obviamente, esse também é um compromisso da família – que desejam proporcionar aos seus alunos uma educação de respeito mútuo. Os procedimentos para uma educação pautada nesse tipo de relação interindividual requerem coerência dos adultos em suas atitudes junto às crianças, que elas sejam incentivadas a falarem de si mesmas, de seus pensamentos e sentimentos, para que a reciprocidade se faça presente na relação e para que, sendo ouvidos, compreendidos e orientados, os pequenos possam construir a autonomia. Segundo Piaget, "o respeito mútuo é uma espécie de forma limite de equilíbrio para a qual tende o respeito unilateral, e pais e professores devem fazer de tudo o que for possível, segundo cremos, para converterem-se em colaboradores iguais à criança" (1930/1996, p. 14).

Portanto, para Piaget (1932/1994) a moralidade implica as relações interindividuais:

> Ora, sem relação com outrem, não há necessidade de moral: o indivíduo como tal conhece apenas a anomia e não a autonomia. Inversamente, toda relação com outrem, na qual intervém o respeito unilateral, conduz à heteronomia. A autonomia só aparece com a reciprocidade, quando o respeito mútuo é bastante forte, para que o indivíduo experimente interiormente a necessidade de tratar os outros como gostaria de ser tratado (p. 155).

Esse é outro ponto difícil na relação entre adultos e crianças. O respeito unilateral se explicita na relação pais e filhos de forma nítida quando se reflete sobre esta frase piagetiana: "[...] a necessidade interior que o sujeito possui de tratar os outros da mesma forma que gostaria de ser tratado". Talvez esse seja o melhor conceito para a ideia de respeito e, por isso, tão ausente das relações pais e filhos. Que pai costuma pensar antes de repreender o filho: como eu me sentiria se fosse eu o filho e meu pai falasse assim comigo? Daí todos os conflitos que permeiam a relação entre pais e filhos na adolescência, pois os jovens, segundo o desenvolvimento psicológico, se julgam iguais a seus pais, mas estes ainda assumem uma postura de poder e superioridade. Esse mesmo parágrafo pode ser reescrito em relação aos professores. Será que nós, educadores, também conseguimos refletir sobre nossas intervenções diárias junto aos nossos alunos: como eu me sentiria se fosse eu o aluno e meu professor falasse ou agisse dessa forma comigo?

É muito comum um pai ofender ou humilhar um jovem em nome de um processo educativo e se sentir exasperado e injustiçado quando seu filho lhe responde em um mesmo tom. Frases do tipo: "Eu sou sua mãe e não admito que você fale comigo dessa maneira" são comuns e legitimadas. Pena que a recíproca não possa ser verdadeira: "Eu sou seu filho, não fale comigo dessa maneira". Também se ouve muito esse mesmo tipo de opinião em meio aos professores. Sabemos das situações adversas, dos conflitos que geram a expulsão de alunos das salas de aula, dos encaminhamentos indiscriminados e compulsórios para a coordenação e/ou a orientação pedagógica. No entanto, são situações nas quais, muitas vezes, o professor perde uma excelente oportunidade de formação de seus alunos.

Conforme já se argumentou anteriormente, segundo Bovet (Piaget, 1932/1994, p. 84), o aparecimento da consciência do dever é fruto do respeito às regras e àqueles que as prescrevem, ou seja, os adultos. Portanto, a ideia de que os sentimentos morais estão ligados ao respeito que os indivíduos têm uns pelos outros é incontestável. Assim, Piaget concordará com o pressuposto do conceito de respeito do autor citado ao afirmar que ele "se encaminha às pessoas e provém das relações dos indivíduos entre si", porém apontará a necessidade de observação desse tipo de respeito, intitulado por ele de "respeito mútuo".

Para Piaget, o respeito é, sim, o sentimento que desencadeia a obrigação dos sujeitos para com as regras, e é fruto das relações com o outro. Exatamente por isso, se o respeito permanecer unilateral pode-se correr o risco de que o indivíduo que obedece experimente o sentimento do bem na medida em que respeita outrem e se submete a ele por respeito, ou seja, o bem está em obedecer ao outro (Piaget, 1932/1994, p. 84).

Por outro lado, o respeito mútuo, que é a forma evoluída do respeito, fruto das relações de cooperação, se estabelece na reciprocidade, que para o autor regula a avaliação tanto do bem quanto do mal, através da mútua coordenação dos pontos de vista e da ação. Nas palavras de Piaget, "o respeito mútuo ainda é composto de afeição e medo, mas só conserva deste último o temor de decair aos olhos do parceiro" (1948/2000, p. 67). Pode-se, ainda, complementar que o temor do respeito mútuo não é o do desamor ou do castigo, mas o medo de decair aos olhos de si mesmo. Somente esse tipo de relação, pautada no respeito mútuo, é formadora de valores morais.

Conforme dissemos anteriormente, a proposta deste capítulo é apresentar uma discussão sobre o sentimento de obrigação moral – respeito – e refletir sobre o seu significado nas relações interpessoais na sala de aula. Desse modo, nesta primeira parte procuramos apresentar a teoria do juízo moral, que explica os tipos de respeito que se podem estabelecer nas relações interpessoais em sala de aula, bem como a função de cada tipo de respeito – unilateral e mútuo – na formação moral das crianças e dos adolescentes.

CONCEPÇÕES DE PAIS E PROFESSORES SOBRE AS RELAÇÕES DE RESPEITO

A segunda parte deste texto apresenta o resultado de um estudo: a análise das respostas dadas por pais e professores a uma escala que investiga relações de respeito com adolescentes.

Os dados apresentados se referem a um recorte encontrado em uma pesquisa maior, que investigou os conceitos de respeito, obediência, justiça e autonomia. Como o objetivo aqui é refletir sobre as relações de respeito, apresentamos a seguir os dados das respostas encontradas apenas nos itens da Escala de Concepções Educativas Morais[2] que se referem a este construto: o respeito.

Os participantes desse estudo foram pais e mães ou responsáveis de adolescentes de 12 a 20 anos de idade. Participaram desse estudo 860 adultos: 19,1% dos pais que responderam à pesquisa são educadores e 80,9% dos pais assumem outras profissões. Os dados demográficos da amostra são descritos na Tabela I, na qual apresentamos também o número de participantes divididos nas diferentes regiões do Brasil nas quais foram coletados os dados.

A pesquisa utilizou o espaço das escolas para a coleta de dados. Inicialmente, realizou-se o contato para apresentação do projeto de pesquisa e da documentação necessária. Algumas escolas requisitaram, ainda, para a realização da pesquisa, a apresentação do documento de aprovação do Comitê de Ética.[3] O instrumento foi aplicado coletivamente em ambiente

---

[2] A Escala de Concepções Educativas Morais foi o instrumento construído, validado e utilizado na pesquisa, cuja referência já citada repetimos aqui: CAETANO, L. M. *Autonomia, adolescência e a relação pais e filhos;* Escala de Concepções Morais.

[3] Esse projeto de pesquisa foi analisado e aprovado, teórica e metodologicamente, pelo Comitê de Ética em Pesquisas em Seres Humanos do Instituto de Psicologia da Universidade de São Paulo (CEPH-IP), em 18 de setembro de 2006.

providenciado pelas respectivas instituições (quadra, sala de aula, anfiteatro ou pátio). A aplicação nas dezesseis escolas foi realizada pessoalmente pela pesquisadora, que permanecia junto aos participantes do início ao término do trabalho.

Tabela I – Estatísticas descritivas dos dados demográficos da amostra

		Quantidade	%
Profissão	Liberal	80	9,3
	Educação	164	19,1
	Técnico	150	17,4
	Baixa qualificação	154	17,9
	Outros	312	36,3
Local	Bahia	63	7,3
	Espírito Santo	62	7,2
	São Paulo (interior)	100	11,6
	Mato Grosso do Sul	142	16,5
	Minas Gerais	132	15,3
	Santa Catarina	80	9,3
	Ceará	111	12,9
	Pará	95	11,0
	São Paulo (capital)	75	8,7

A tabela a seguir apresenta essas escolas divididas pelos diferentes estados brasileiros, representativos das cinco regiões do País, apresentando também as cidades nas quais se realizou a pesquisa e o número de escolas públicas e particulares. Portanto, a Tabela II apresenta os dados demográficos das escolas e cidades, estados e regiões nas quais a pesquisa foi realizada.

Tabela II – Estatísticas descritivas da distribuição dos dados por região

Regiões	Estados	Cidades	Escola	Qtd.	%
Sudeste	São Paulo	Itapira	Pública	82	9,5
		São João da Boa Vista	Privada	18	21,1
	Minas Gerais	Carapicuíba	Pública	75	8,7
		São Sebastião do Paraíso	Pública	52	6%
		Juiz de Fora	Privada	80	9,3
	Espírito Santo	Cachoeiro do Itapemirim	Pública	33	3,8
			Privada	29	3,4
	3 estados	6 cidades	7 escolas	369	42,8
Nordeste	Bahia	Salvador	Privada	63	7,3
	Ceará	Cascavel	Privada	48	5,6
		Beberibe	Pública	63	7,3
	2 estados	3 cidades	3 escolas	174	20,2
Centro--Oeste	Mato Grosso do Sul	Campo Grande	Privada	77	8,9
			Pública	65	7,6
	1 estado	1 cidade	2 escolas	142	16,5
Norte	Pará	Belém do Pará	Privada	50	5,8
			Pública	45	5,2
	1 estado	1 cidade	2 escolas	95	11,0
Sul	Santa Catarina	Camboriú	Pública	62	7,2
		Itajaí	Privada	18	2,1
	1 estado	2 cidades	2 escolas	80	9,3
TOTAL	8 estados	13 cidades	16 escolas	860	100

Apresentaremos os resultados para os itens representativos do construto respeito, pensando especialmente na comparação da variável profissão, para que se possa comparar a resposta de pais e mães que trabalham com educação e as respostas de pais e mães que atuam em outro tipo de profissão. Apresentamos na Tabela III os itens que compõem o construto respeito. Conforme já informamos anteriormente, esses cinco itens compõem uma escala maior, que comporta vinte e cinco itens ao todo, sendo eles respectivamente representativos dos construtos respeito, obediência, justiça e autonomia. Uma vez que nosso objetivo aqui é discutir o sentimento de respeito, apresentamos o resultado apenas dos itens que o representam.

Tabela III – Itens que compõem o construto respeito

RESPEITO
1. Um pai sempre mostra interesse pelas coisas que o filho faz.
2. Um pai nunca deve confiar no filho.
3. Um pai não deve sempre justificar para os filhos as suas orientações.
4. Os pais devem dar palpite em tudo o que o filho faz.
5. As atitudes dos pais para com os filhos são sempre coerentes.

Os participantes receberam uma escala com as vinte e cinco assertivas. Pedimos para que pensassem inicialmente se concordavam ou não com cada frase e, depois de definido esse aspecto primordial da sua opinião, que mensurassem o quanto (totalmente, bastante, pouco) concordavam ou discordavam, escolhendo a sua nota para a afirmativa, na escala de sete pontos.

Os dados revelaram que pais e professores julgam, como respeito para com seus filhos, providenciar-lhes a devida atenção.

O item 1 (Um pai sempre mostra interesse pelas coisas que o filho faz) revela que: 87%[4] dos pais concordaram com a necessidade de demonstrar interesse pelas coisas que os filhos fazem. Quanto aos professores, 86% também concordaram que é preciso mostrar sempre interesse pelas coisas que as crianças fazem. Entretanto, também se acharam no direito (57,9% dos pais e 64% dos professores) de dar palpite em todas as coisas que as crianças fazem.

Como os entrevistados eram na sua maioria pais, mães e professores de adolescentes, apresentamos aqui o problema decorrente de ser muito comum que os adolescentes se sintam invadidos pelos pais nas questões entendidas por eles como do âmbito da sua privacidade, o que, segundo autores americanos, se denomina domínio pessoal, como, por exemplo, escolha de roupas, escolha de estilo de cabelo, organização do quarto (Smetana; Crean; Campione-Barr, 2005; Nucci; Hasebe; Lins Dyer, 2005).

Outros estudos com adolescentes dos Estados Unidos, da China, do Japão e da Colômbia, citados por Milnitsky-Sapiro, Turiel e Nucci (2006), que investigaram também adolescentes do Brasil, encontraram a mesma queixa dos jovens em relação à invasão dos pais em questões do domínio pessoal.

Tais estudos investigaram as concepções de adolescentes sobre a autonomia e a autoridade parental no Brasil. De acordo com os dados da pesquisa, os adolescentes requerem o respeito às decisões de âmbito do domínio pessoal, como encontros, amigos, opções por roupas, músicas etc. Mas, por

---

[4] Quando os valores percentuais são apresentados sob o título "o percentual de pais concordam", a consideração que se faz é a soma das respostas: concordo plenamente, concordo bastante e concordo. O mesmo raciocínio é utilizado para quando se remete ao "percentual de participantes que discordam".

outro lado, requerem também a participação e o acompanhamento dos genitores nas questões que possam colocá-los em risco. "Os adolescentes brasileiros requerem autonomia e privacidade, mas também aceitam o papel da autoridade parental" (Milnitsky-Sapiro; Turiel; Nucci, 2006, p. 317).

Precisamos tomar cuidado porque a invasão e o abuso de pais e professores, apontado pelos jovens desse estudo, acabam acontecendo também com as crianças pequenas. Muitas vezes, exatamente por serem crianças, nos achamos no direito de lhes fazer perguntas invasivas, obrigá-las a fazer coisas que não querem ou que realmente não precisam fazer. Não estamos falando das regras inegociáveis, ou seja, daquelas questões relacionadas à saúde, ao estudo e à boa convivência, ou seja, regras que os pais e professores precisam mesmo exigir dos pequenos. Mas há certas atitudes dos adultos para com as crianças que lhes tolhem a mais simples possibilidade de gostar mais de um brinquedo do que de outro, sem falar dos problemas relacionados à exposição de jovens e crianças em público. Ser pai e professor, decididamente, não é fazer das crianças e dos jovens marionetes.

Obviamente, o mínimo de respeito que podemos demonstrar para com jovens e crianças em formação, como pais e professores, é mostrar real interesse pelas coisas que fazem, pelas suas pequenas conquistas, pelos seus desenhos, seus poemas, suas histórias, seus sentimentos etc. Infelizmente, embora pais e pais professores tenham mostrado concordância com isso, bem sabemos que nem sempre isso acontece no dia a dia, quando os pais lutam entre as inúmeras atividades profissionais e pessoais e os professores fazem o melhor que podem em salas abarrotadas de alunos.

A dificuldade para os pais parece estar exatamente na distinção entre esse limite do que significa ocupar o lugar de adulto da relação, ou seja, assumir o papel de autoridade e ser ao mesmo tempo cooperativo com o processo de construção da autonomia da criança e do jovem. Desse modo, admitir dar palpite em tudo o que o filho faz implica um desrespeito pelo limite da intimidade do adolescente, especialmente importante nesta fase. Segundo La Taille (1998, p. 140), "a construção da personalidade e a conquista da autonomia passam pelo controle seletivo do acesso de outrem ao eu, pela construção de fronteiras de intimidade".

Por outro lado, ainda atrelado às questões que se apresentaram em relação à invasão dos domínios pessoais, ou simplesmente invasão da intimidade ou privacidade alheia, outro item exposto – (item 2 - O pai nunca deve confiar no filho) – trouxe resultados bastante sérios e que muito se relacionaram a essas questões: 84% dos pais afirmam que "nunca se deve confiar nos filhos". O mesmo pensam 92,7% dos pais professores que participaram da pesquisa. Mas qual seria o significado dessa afirmação?

Em primeiro lugar, não confiar nunca no filho, conforme exposto, também é indício de que o pai ou a mãe, mesmo aqueles que são da área da educação, se acham no direito de invadir-lhe a privacidade, de acordo com o comportamento já admitido pela concordância com o item 4 (Os pais devem dar palpite em tudo o que o filho faz). Conforme La Taille (2006, p. 91), "o equilíbrio psicológico depende, entre outros fatores, da capacidade de ter intimidade, logo, da capacidade de preservar áreas secretas, de abri-las no momento em que se deseja fazê-lo, e a quem se deseja dar o acesso". Para o autor, é ainda mais condenável e violento o ato de invasão dos limites de intimidade de alguém quando a intenção é subjugar e humilhar.

Que pena pensarmos que o processo de aprender a subjugar, humilhar, magoar, chacotear possa ser aprendido em casa, ou mesmo na escola, com os adultos. Infelizmente, parece que existe uma tendência dos adultos para agirem dessa forma, conforme as observações de Piaget (1932/1994) sobre a forma classificada por ele como medíocre de se conduzir a educação das crianças:

Como não ficar impressionado com uma série de contrassensos psicológicos: [...] o prazer de usar sua autoridade e essa espécie de sadismo que observamos tão frequentemente mesmo entre muita gente educada, cuja máxima é que é necessário "quebrar a vontade da criança" ou "fazer sentir à criança que há uma vontade superior à dela" (p. 152).

Em segundo lugar, admitir que não se deve nunca confiar na criança ou no jovem significa admitir uma relação de respeito unilateral por parte dos adultos e é o mesmo que afirmar que esse criança precisa ser constantemente vigiada, pois a qualquer momento pode fazer algo de errado. Piaget (1945/1998) afirma que o processo educativo precisa levar as crianças a pensar, a fazer suas próprias críticas, a trocar pontos de vista, num espírito de solidariedade, fonte de novos valores. Quando não se confia nessa capacidade de raciocínio, de tomada de consciência e legitimação das regras e princípios de justiça por parte do educando, não se pode estabelecer com eles relações de cooperação e solidariedade.

Em terceiro lugar, portanto, "confiar em alguém, seja em que área da atividade humana for, sempre implica fazer consideração sobre a moralidade da pessoa, na qual se confia" (La Taille, 2006, p. 110). A questão da confiança pertence, então, à dimensão moral. As crianças precisam encontrar em seus pais e professores a fonte e o modelo das regras. Segundo La Taille (2006, p. 113), "as crianças se sentem enganadas e injustiçadas quando perdem a confiança nos adultos, por perceberem que as regras impostas por eles, não são seguidas pelos mesmos".

No caso do adolescente, o fato de "merecer" a autoconfiança se torna central, pois no despertar de uma personalidade ética a questão da construção das representações de si são de extrema importância. Nesse processo de constituir o autorrespeito, ou as suas representações de si mesmo, as opiniões e juízos alheios contam muito. Dessa forma, "querer ser merecedor de confiança é um traço essencial do autorrespeito: quem tem honra sente vergonha de ter desmerecido a confiança alheia ou simplesmente ter pensado em realizar ações que teriam esse efeito" (La Taille, 2006, p. 141).

Finalmente, nunca confiar no filho adolescente, na criança ou no aluno implica assumir uma dificuldade inerente ao processo de educar para a moralidade. Uma vez que pais e mães tenham trabalhado com regras junto a seus filhos desde a infância, não deveriam se tornar tão desconfiados na adolescência. Uma vez que professores venham trabalhando com os alunos com boas regras desde o início do ano, precisam acreditar no processo educativo que estão desenvolvendo. Desconfiar do filho é uma forma de desrespeito. Desconfiar do aluno também. Já respeitar é exatamente o contrário de vigiar.

Respeitar é se aproximar da pessoa mesmo no conflito, na discordância, nas diferenças, nos embates, para reconhecer as mudanças necessárias e alterar os rumos das relações e até mesmo dos projetos compartilhados (Sayão, 2003, p. 108).

As respostas dos pais ao item 5 (As atitudes dos pais para com os filhos são sempre coerentes) também corroboram essa dificuldade expressa pela desconfiança em relação aos filhos. Ao afirmarem (47,2%) que discordam de que as atitudes dos pais para com os filhos são sempre coerentes, demonstram contradição da ação em relação ao julgamento moral. Logo, esses filhos viverão a inconsistência da atitude dos pais que tendem a comportamentos pautados na filosofia do ditado popular "faça o que eu falo, mas não faça o que eu faço". Os pais professores também discordam (57,3%) deles quanto ao item 5 (As atitudes dos pais para com os filhos são sempre coerentes), mostrando também que não acreditam que os pais sejam sempre coerentes com as suas atitudes com os filhos. Resta-nos questionar se, quando responderam assim, estariam pensando em si mesmos ou julgando os pais de seus alunos. Uma pesquisa norte-americana revela que os filhos percebem quando os pais estão sendo incoerentes. A pesquisa de Perkins e Turiel (1988) examinou o julgamento de adolescentes americanos sobre mentir para desviar das ordens e/ ou combinados com pais ou amigos. Os resultados do estudo revelaram que, no contexto das suas crenças sobre honestidade, os adolescentes fazem várias distinções sobre a natureza das relações e os tipos dos atos, mas consideram mais errado mentir para os pais do que para os amigos. O mais interessante nesse estudo é que "os resultados indicam que os julgamentos sobre a decepção dos pais estão ligados com as percepções da legitimidade das diretivas parentais" (Perkins; Turiel, 1988, p. 618). Algumas mentiras aos pais foram justificadas pelos jovens como aceitáveis, pela consideração de que as diretivas dos pais eram injustas, ou seja, acreditavam que mentir para os pais às vezes é justo, principalmente quando percebem a falta de respeito dos pais para com eles, ou a incoerência da orientação e as próprias atitudes dos adultos.

Obviamente, essa questão da incoerência dos pais é percebida pelos filhos e pode provocar e desencadear comportamentos inadequados, entre eles a mentira, conforme demonstrado pelo estudo citado. Todavia, é bastante importante os pais admitirem que nem sempre agem com coerência, como demonstrado pelos resultados dessa pesquisa, já que 12,7% dos participantes atribuíram nota quatro (que denota dúvida) para a assertiva, demonstrando uma tomada de consciência do respeito às regras e aos próprios filhos, assim como demonstra o percentual de pais professores que apontou para 8,5% de respostas duvidosas em relação ao mesmo item.

Esse posicionamento de pais e pais professores mostra que é difícil realmente sermos sempre e totalmente coerentes em nossas atitudes, e tomar consciência de que isso é realmente necessário pode ser um primeiro passo para errar menos com nossos filhos e alunos.

O último item que compõe o construto respeito também revela a reflexão dos adultos sobre a desafiadora tarefa de ensinar o respeito às crianças através, principalmente, da manutenção de atitudes respeitosas com elas. O item 3 trata da necessidade de justificar para os filhos as orientações dos pais. Ainda que 22,7% discordem, encontra-se o percentual de 56,2% dos pais afirmando a necessidade de explicar o porquê das regras ou limites trabalhados com os filhos. Com relação aos professores, 25,7% discordam de que as regras sejam explicadas às crianças e 70,2% dos pais professores concordam com a necessidade de explicar o porquê das regras ou limites trabalhados com os filhos. Esse posicionamento indica respeito para com os filhos e os alunos e reconhecimento da sua capacidade de raciocínio e reflexão. "Em resumo, a associação entre limites e justificativas racionais prepara para a conquista da autonomia, que pressupõe justamente uma apreensão racional dos valores e das regras" (La Taille, 1998, p. 100). Para quem deseja formar seres humanos, é bastante respeitoso e justo agir assim.

IMPLICAÇÕES PEDAGÓGICAS

Pensamos que o presente capítulo pode auxiliar pais e também educadores a pensar sobre as relações que estabelecem com as crianças.

Principalmente na escola, e mesmo no cotidiano das famílias, infelizmente, nós adultos nem sempre atentamos para o tipo de relação que estabelecemos com nossas crianças e jovens, sejam eles filhos, sejam alunos. Muitas vezes somos até mais respeitosos com pessoas estranhas do que com eles. Essa ideia nos faz refletir e repensar nosso dia a dia com aqueles que se encontram em formação e desenvolvimento.

Os dados da pesquisa apresentados nos permitem a construção de pelo menos três implicações pedagógicas, fundamentadas no posicionamento e nos conceitos demonstrados por pais e professores brasileiros, que tão solicitamente participaram de nossa pesquisa. Pensávamos que encontraríamos respostas diferentes entre pais de outras profissões e os pais professores, mas, infelizmente, isso não aconteceu, conforme pudemos observar pelos dados obtidos. Então, a partir desse resultado, temos a primeira e talvez a principal implicação pedagógica sobre o estudo das concepções de respeito de pais e professores:

> Sendo nós, professores, especialistas em educação, necessitaríamos ter concepções sobre o respeito mais elaboradas e/ou mais fundamentadas teoricamente que os demais que não têm formação na área de educação.

Infelizmente, os dados da pesquisa que apresentamos não demonstraram isso, o que nos leva a pensar que precisamos estudar mais sobre o respeito na sala de aula. Na maioria das vezes, as relações interpessoais da sala de aula são relegadas a um segundo plano, ou são tratadas pelos professores como uma questão de maneira particular de cada professor agir. Conforme vimos, existem estudos sobre a temática aplicados à vivência escolar, e não podemos continuar agindo junto aos nossos alunos fundamentados no senso comum ou na empiria, mas é preciso que nos debrucemos sobre os estudos de ética e moral na sala de aula e nos disponibilizemos a buscar estratégias amparadas pela fundamentação teórica especializada, como a *teoria do juízo moral* de Jean Piaget, como fonte de reflexão e estratégias pedagógicas coerentes e que promovam o respeito na sala de aula.

Quanto à segunda implicação pedagógica, pensamos que deva se assentar na busca de uma relação respeitosa com a família.

Sendo nós, professores, especialistas em educação, necessitaríamos investir na construção de relações de parceria com a família, para que, tendo como base o respeito mútuo, as crianças encontrassem, em casa e na escola, espaços adequados e favorecedores de sua formação autônoma.

A parceria entre escola e família precisa ser construída. Não podemos, como professores, manter os mesmos discursos abusivos e, segundo nossa pesquisa, equivocados de que a família não sabe educar. Porque, como vimos, se os pais não sabem, nós, professores, também não sabemos. Logo, a relação escola e família pode ser respeitosa, sem julgamentos preconceituosos e reprovação recíproca entre professores e pais. Trata-se de um modelo de convivência cooperativa.

Logo para além de lições de moral que explicam e cantam as virtudes da justiça, da generosidade, da dignidade, da liberdade, por melhor que sejam, deve imperativamente haver uma "vida social" na qual tais virtudes regulem as relações interpessoais (La Taille, 2009, p. 257).

Entretanto, quando a escola reproduz nas suas relações as estratégias de coação, tão utilizadas pela família, até mesmo aplicando-as contra ela própria, as dificuldades para formar para autonomia são ampliadas e, obviamente, a relação com os alunos é de autoritarismo (e com a família, de cobranças). Finalmente, a última implicação pedagógica parafraseamos de Steinberg (2005, p. 21), que afirma: "Não há influência mais importante no desenvolvimento de seus filhos do que a sua: pai e mãe. Nem mesmo os genes são tão decisivos. O que os pais fazem é importante". Logo, nossa última proposta de implicação pedagógica é:

> Sendo nós, professores, especialistas em educação, necessitaríamos investir e acreditar que a nossa influência enquanto professores é igualmente (como a dos pais) importante no desenvolvimento de nossos alunos. Nem mesmo os genes são tão decisivos. O que os professores fazem é importante.

Queremos concluir nosso capítulo afirmando que para muitas crianças a escola é a sua única e real oportunidade de crescer, formar-se, desenvolver-se e tornar-se uma pessoa de bem. Pensamos que é preciso que o professor olhe para essa criança e para as demais, para esse jovem e para os demais, com o respeito que merecem. Normalmente, essas crianças costumam ser as mais difíceis nas salas de aula, mas são realmente aquelas que mais merecem nosso respeito e que mais precisam de atenção e de uma postura de cooperação por parte do professor.

Quando o professor acredita que pode fazer a diferença na educação de seus alunos, está agindo com respeito, em primeiro lugar, para consigo mesmo, pois está imbuído do valor que atribui a si como profissional da educação. Ele sabe e acredita que o que os professores fazem é importante e, desse modo, trabalha com grande respeito por si mesmo e por seus alunos.

REFERÊNCIAS BIBLIOGRÁFICAS

CAETANO, L. M. *Autonomia, adolescência e a relação pais e filhos;* Escala de Concepções Morais. 249f. Tese de doutorado em Psicologia

Escolar e do Desenvolvimento Humano apresentada no Instituto de Psicologia da Universidade de São Paulo. São Paulo, 2009a.

_____. *Dinâmicas para reunião de pais;* construindo a parceria na relação escola e família. São Paulo: Paulinas, 2009b.

_____. *É possível educar sem palmadas?* São Paulo: Paulinas, 2011.

_____. *O conceito de obediência na relação pais e filhos.* São Paulo: Paulinas, 2008.

_____ (org.). *Temas atuais para formação de professores.* São Paulo: Paulinas, 2010.

LA TAILLE, Y. A Educação Moral: Kant e Piaget. In: MACEDO, L. de (org.). Cinco estudos de educação moral. 2. ed. São Paulo: Casa do Psicólogo, 1996. pp. 137-178.

_____. Limites: três dimensões educacionais. São Paulo: Ática, 1998.

_____. *Moral e ética:* dimensões intelectuais e afetivas. Porto Alegre: Artmed, 2006.

_____. Formação ética: do tédio ao respeito de si. Porto Alegre: Artmed, 2009.

MACEDO, L. de. O lugar dos erros nas leis ou nas regras. In: MACEDO, L. de (org.). *Cinco estudos de educação moral.* 2. ed. São Paulo: Casa do Psicólogo, 1996.

MILNITSKY-SAPIRO, C. (2006). Brazilian adolescent conceptions of autonomy and parental authority. Cognitive Development, 21, pp. 317-331.

NUCCI, L.; HASEBE, Y.; LINS DYER, M. T. Adolescent Psychological Well-Being and Parental Control of the Personal. *New Directions for Child and Adolescent Development* 108, 2005, pp. 17-30.

PERKINS, S. A.; TURIEL, E. To lie or not to lie: to whom and under what circumstances. *Child Development* 78(2), 1988, pp. 609-621.

PIAGET, J. [1930/1994]. Os procedimentos da educação moral. In: MACEDO, L. de. (org.). Cinco estudos de educação moral. 2. ed. São Paulo: Casa do Psicólogo, 1996. pp. 1-36.

_____. O juízo moral na criança. 2. ed. São Paulo: Summus, 1932/1994.

_____. A educação e a liberdade [1945/1998]. In: PARRAT-DAYAN, S.; TRYPHON, A. (orgs.). *Sobre a pedagogia;* textos inéditos. São Paulo: Casa do Psicólogo, 1998.

_____. Las relaciones entre la inteligencia y la afectividad en el desarrollo del niño [1954/1994]. In: DELAHANTY, G.; PÉREZ, J.

(comps.). *Piaget y el psicoanálisis.* México: Universidad Autónoma Metropolitana, 1994.

_____. *O juízo moral na criança.* 2. ed. São Paulo: Summus, 1932/1994.

_____. *Para onde vai a educação?* 15. ed. Rio de Janeiro: José Olympio, 1948/2000.

_____. Os procedimentos da educação moral [1930/1994]. In: MACEDO, L. de (org.). *Cinco estudos de educação moral.* 2. ed. São Paulo: Casa do Psicólogo, 1996.

SAYÃO, R. Como educar meu filho. São Paulo: Publifolha, 2003.

SMETANA, J. G.; CAMPIONE-BARR, N.; CREAN, H. F. Adolescent's and Parent's Changing Conceptions of Parental Authority. In: SMETANA, J. G. (ed.). *Changing Boundaries of Parental Authority During Adolescence. New Directions for Child and Adolescent Development.* San Francisco: Jossev-Bass, 2005.

_____; _____; DADDIS, C. Longitudinal Development of Family Decision Making: Defining Healthy Behavioral Autonomy for Middle-Class African American Adolescents. *Child Development* 75(5) (2004) 1.418-1.434.

_____; _____; METZGER, A. Adolescent Development in Interpersonal and Societal Contexts. *Annual Review Psychology* 51 (2006) 255-284.

_____; _____; _____; GETTMAN, D. C. Disclosure and Secrecy in Adolescent-Parent Relationship. *Child Development* 77(1) (2006) 201-217.

STEINBERG, L. *10 princípios básicos para educar seus filhos.* Rio de Janeiro: Sextante, 2005.

_____. We Know Some Things: Parent-Adolescent Relationships in Retrospect and Prospect. *Child Development* 57 (2001) 841 851.

_____; SILVERBERG, L. The Vicissitudes of Autonomy. *Child Development* 57 (1986) 841-851.

2. Vontade como regulador afetivo em escolares

Betânia Alves Veiga Dell'Agli*

A escola, ao longo do tempo, passa por transformações decorrentes das mudanças da própria sociedade. Dentre elas podemos ressaltar o uso das novas tecnologias como recurso para o ensino, mas também como instrumento de interesse pelos alunos. Muitas delas, no entanto, mantêm o perfil de décadas atrás, sendo impermeáveis às transformações, e uma justificativa pode ser a falta de recursos de toda ordem. Sobre isso, no senso comum, discute-se o modelo tradicional de escola, e não raro as críticas voltam-se para a questão do interesse, da motivação, ressaltando que a didática é obsoleta diante do mundo virtual no qual estamos inseridos.

Embora algumas críticas se refiram a esse aspecto, o tema que será discutido no presente texto refere-se à dimensão afetiva, mais especificamente à vontade como um processo psicológico fundamental aos estudantes. No entanto, o texto

---

* Graduada em Psicologia pela Pontifícia Universidade Católica de Campinas, mestre e doutora em Educação pelo programa Psicologia, Desenvolvimento Humano e Educação da Universidade Estadual de Campinas. Docente do curso de Graduação em Psicologia, e no Mestrado Acadêmico em Desenvolvimento Sustentável e Qualidade de Vida no UNIFAE (São João da Boa Vista/SP). Docente no Programa de Pós-Graduação no curso de Neuropsicologia Aplicada à Neurologia Infantil na UNICAMP (Campinas) e membro do Grupo de Trabalho da ANPEPP: "Os Jogos e sua importância para a Psicologia e Educação". Pós-doutoranda na Faculdade de Ciência Médicas da UNICAMP (bolsa Fapesp). Atua na área escolar e ministra cursos e palestras relacionados aos temas: desenvolvimento humano, construtivismo, jogo de regras, relação entre afetividade e cognição, neuropsicologia voltada à queixa escolar. E-mail: <betaniaveiga@uol.com.br>.

não tem a função de discutir o certo ou o errado, o que traz interesse ou desinteresse, motivação ou desmotivação, ou, ainda, disciplina ou indisciplina, mas de pensar sobre o desenvolvimento da criança, notadamente o desenvolvimento afetivo, e buscar as implicações possíveis. Para tanto, o suporte teórico foram as ideias de Piaget sobre a vontade, um conceito que, apesar de não ter sido estudado empiricamente pelo autor, traz contribuições interessantes. O texto foi composto da seguinte forma: relações entre afetividade e inteligência, o conceito de vontade, a gênese da construção dos valores e as implicações educacionais.

RELAÇÕES ENTRE AFETIVIDADE E INTELIGÊNCIA

A afetividade, na perspectiva piagetiana, é considerada como a energética da ação, cuja função seria de impulsioná-la. Além disso, compreende afetividade e inteligência como aspectos inseparáveis e complementares, construídas de forma paralela e solidária (Piaget, 1954/2005).

Para Piaget, o desenvolvimento do sujeito é compreendido numa perspectiva genética e as relações entre afetividade e inteligência estão inseridas nela. Portanto, estabelece um paralelo entre as etapas do desenvolvimento cognitivo e as fases do desenvolvimento afetivo, uma vez que não há estrutura sem energética ao mesmo tempo em que não há energética sem estrutura. As palavras do autor são esclarecedoras no que concerne ao paralelismo: "[...] a toda estrutura nova deve corresponder uma nova forma de regulação energética; a cada nível de conduta afetiva deve corresponder igualmente certo tipo de estrutura cognitiva" (Piaget, 1994, p. 197).

Antes de apresentar o que o autor compreende sobre vontade, que é tema da presente análise, vale apresentar algumas objeções discutidas por ele sobre a afetividade e a inteligência. A primeira seria a de que não existem bases imediatas no plano intelectual, tal como acontece no plano afetivo. Para ele, tanto no domínio afetivo como no domínio intelectual existe uma construção, uma gênese. Define, no campo afetivo, um complexo como sendo um esquema elaborado no curso da história individual do sujeito que se transforma sem cessar e que se aplica a uma variedade de situações que se renovam constantemente, e conclui que existe um esquematismo dos sentimentos como ocorre com a inteligência. A construção de um complexo se assemelha à construção progressiva de uma escala de valores que são comparáveis a um sistema de conceitos e de relações.

A segunda objeção é que na vida afetiva nada se conserva e não há nenhuma operação como ocorre na inteligência. Piaget (1994; 2001; 2005) concorda que existem sentimentos que não se conservam e os denomina sentimentos não normativos, citando como exemplo as simpatias e antipatias que podem aparecer, desaparecer e flutuar de diferentes maneiras. No entanto, compara esses sentimentos com as representações pré-operatórias. O mesmo não ocorre com os sentimentos morais, que são normativos e asseguram a conservação de certos valores, como o sentimento de dever.

Piaget (1962) apresenta um exemplo interessante de conservação do sentimento de gratidão. Esse sentimento é espontâneo em várias situações e pode ser facilmente esquecido. Mas, ao sentir uma vez gratidão por uma pessoa numa situação especial, é possível lembrar desse sentimento numa segunda ocasião e a gratidão passa a ser uma persuasão moral, e por ser moral há conservação semelhante à conservação lógica. O mesmo acontece com o sentimento de justiça, uma vez que só podemos tratar as pessoas da mesma forma, com equidade, quando existe conservação de valores. A moralidade, análoga às conservações cognitivas, implica a conservação de valores afetivos por meio de obrigações.

Ampliando essa discussão, Piaget (1962; 1994; 2001) se pergunta se existem no campo afetivo operações equivalentes às operações de pensamento. Operações, segundo o autor, são ações internalizadas que se tornam reversíveis e que são coordenadas com outras operações. Pelas suas reflexões, chega à conclusão de que existe, no campo afetivo, uma operação à qual denominou vontade.

VONTADE NA PERSPECTIVA PIAGETIANA

Quando pensamos na palavra vontade, logo nos vem à mente "vontade de comprar algo", "vontade de ir ao cinema", "vontade de sair com amigos", dentre tantas vontades da vida cotidiana. Esta, em muitos casos, se assemelha ao desejo. Entretanto, este conceito na teoria piagetiana difere substancialmente do desejo e deve ser bem compreendido.

Para argumentar a favor de sua ideia sobre a operação afetiva da vontade, Piaget (1962) apresenta as principais definições de outros autores, que podem ser assim resumidas: vontade se confunde com tendências afetivas, com desejo, com o prolongamento de um sentimento e com personalidade. Piaget (1962) discorda de todas elas e discute a definição proposta por William James por acreditar ser a mais precisa.

Para James, só existe vontade quando há conflito de tendências. A inexistência de conflitos entre duas tendências seria apenas um simples desejo e sendo assim não teria razão para discuti-la como função separada. Um ato de vontade seria a capacidade do sujeito fazer com que uma tendência fraca domine uma tendência forte, ou melhor, fazendo com que o desejo, que é uma tendência forte inicialmente, torne-se fraco. Piaget concorda com essa explicação de James, mas ainda persiste uma questão não explicada. Para ele, a partir do momento em que uma tendência fraca passa a dominar a forte uma força foi adicionada, e a questão é justamente essa: de onde vem essa força?

Para responder a essa indagação, Piaget (1962) analisa as ideias de Charles Blondel, para quem essa força adicional não pode ser explicada considerando apenas o indivíduo, mas sim a vida social que impõe imperativos coletivos e obrigações. A psicanálise discutiria isso em termos de superego. Nesse sentido, o indivíduo não teria vontade própria, uma vez que ela seria fruto de imperativos coletivos, que nada mais são que os valores morais que a sociedade impõe ao indivíduo, levando-o a canalizar seu comportamento superando o desejo do momento.

Para Piaget (1962), tal explicação não soluciona o problema psicológico da vontade, pois, se o imperativo coletivo, ou o superego, fosse suficientemente forte, não haveria conflito e, consequentemente, não haveria vontade.

Após essas convincentes colocações, o autor passa a apresentar a sua teoria. Para ele, o problema da vontade é análogo ao das operações da inteligência, mas, como é uma operação afetiva, lida com valores, ações ou decisões. No campo da inteligência também há conflitos de tendências, como no caso da conservação do número.[1] No início da construção das operações concretas, a criança faz seu julgamento com base na configuração espacial, que é uma tendência forte. A tendência fraca seria o raciocínio lógico, ou seja, conservar a igualdade. A operação, nesse caso, seria a capacidade da criança subordinar momentaneamente a tendência perceptiva a um sistema de transformações. A tendência fraca, mas superior, remove a forte a partir do momento em que há descentração e reversibilidade. O mesmo ocorre com a vontade.

---

[1] Piaget está se referindo à prova de conservação das fichas, que consiste em apresentar à criança duas fileiras de moedas com a mesma quantidade, inicialmente dispostas de tal forma que há uma correspondência visual. Em seguida, modifica-se essa correspondência e pergunta-se à criança se a quantidade se mantém.

Piaget (1962) exemplifica com o desejo de não trabalhar. Ele é forte porque o sujeito esquece-se de pensar no passado e no futuro, vivendo apenas o momento presente, que é a configuração perceptiva atual e leva-o, de fato, a realizar seu desejo. A partir do momento em que o sujeito põe-se a trabalhar, a tendência fraca tornou-se forte, ou melhor, ocorreu a descentração, e isso requer a conservação de valores. Isso é possível por um duplo ato de reversibilidade, que pode ser relembrar o passado ou antecipar o futuro. A operação consiste em subordinar o valor atual, o desejo momentâneo a uma escala de valores maior, que no exemplo dado seria o valor do trabalho. Assim, o conflito estaria resolvido.

Com isso, Piaget (1962) nos prova o paralelismo entre as duas operações. A operação afetiva se caracteriza pela conservação e coordenação de valores, ao passo que a operação intelectual tem como característica a conservação e a coordenação de verificações ou de relações.

Ainda resta a explicação de Piaget para o problema da força adicional. Para ele, a força adicional, entendida a partir da explicação apresentada, deixa de existir, uma vez que a força da tendência inicial, forte, é uma força relativa por estar justamente baseada numa configuração atual, desconsiderando o passado e o futuro, ou seja, desconsiderando a escala permanente de valores. Pelo ato da descentração e da reversibilidade, a força inicialmente forte diminui em termos relativos aos valores que haviam sido esquecidos. Desse modo, a força adicional que impulsionaria a vontade deve ser atribuída aos valores perceptivos e não entendida como força absoluta.

Piaget (1962) conclui que a vontade implica possuir uma escala de valores permanentes e a solução dos conflitos consiste justamente em uma subordinação da situação atual a esses valores. Inversamente, não ter vontade implica possuir valores instáveis e momentâneos que não se sustentam em uma escala permanente. O autor enfatiza que não faz uma interpretação intelectualista da vontade, mas descreve uma operação afetiva. Lembrar, conhecer, compreender refere-se à inteligência, mas não é suficiente para mudar um desejo. No campo afetivo, descentrar significa despertar valores permanentes para senti-los e não apenas evocar memórias por meio da inteligência.

Essas explicações do autor nos fazem buscar outras a fim de responder uma inquietação: como surge essa escala permanente de valores que possibilita ao sujeito cumprir com suas obrigações?

GÊNESE DA CONSTRUÇÃO DOS VALORES

Tal como anunciamos anteriormente, Piaget compreende o desenvolvimento numa perspectiva genética, portanto há construção das estruturas afetivas e de pensamento de formas paralelas e solidárias. Como as etapas do desenvolvimento da inteligência são amplamente conhecidas, nós nos dedicaremos a explicar melhor as que se referem ao desenvolvimento afetivo, notadamente aos interesses e aos valores.

O período da inteligência sensório-motora corresponde aos sentimentos intraindividuais. No que se refere à afetividade, essa etapa é subdividida em três estágios. O primeiro é relativo às tendências instintivas e às emoções, o segundo aos afetivos perceptivos (prazer, dor, agrado e desagrado) e o terceiro aos afetos intencionais. É justamente no último que se iniciam as coordenações de interesse e a hierarquia de valores, graças às possibilidades de novas diferenciações. Inicia-se também a descentração, que se caracteriza, no campo afetivo, pelo direcionamento da afetividade para o outro.

Iniciando pelo interesse, um dos autores citados por Piaget é Édouard Claparède (1873-1940), que desenvolveu uma teoria sobre esse conceito, que, segundo ele, tem um papel

49

importante no trabalho da inteligência. O autor propunha que, no comportamento, o afeto fixava as metas, enquanto a inteligência determinava os meios de atingi-las.

Piaget (1994) concorda em parte com essa visão, porque defende que inteligência e afetividade estão presentes na fixação de metas e no estabelecimento de meios para atingi-las, uma vez que existe uma compreensão das metas e que nos meios existe um valor que corresponderia ao afeto, sendo, portanto, a visão de Claparède demasiadamente esquemática.

Piaget (1994) concorda que o interesse seja fonte de motivação, mas discorda que ele seja suficiente para definir uma meta, pois ela depende de um campo completo e nunca será a mesma em função dos meios intelectuais de que o sujeito dispõe. Além disso, os meios ou as técnicas empregadas para atingir a meta fazem intervir coordenações, regulações, e isso supõe uma energia que é afetiva em sua origem, como ocorre na perseverança.

Nassif e Campos (2005) investigaram, na esfera do desenvolvimento intelectual, a construção dos conceitos de interesse na obra de Claparède e é interessante para nós conhecê-los.

Iniciam apresentando o conceito de necessidade, porque é a base dos outros. Segundo as autoras, o conceito de necessidade, na teoria de Claparède, é definido como a ruptura do equilíbrio de um organismo que, por si só, tem condições de satisfazê-la de forma automática, como acontece em muitas situações da vida fisiológica. A satisfação das necessidades na vida mental, por não ter essa característica automática, deixa o sujeito desadaptado temporariamente. Cabe à inteligência a tarefa de readaptação. A necessidade, que é entendida como o motor da conduta, a mola que nos move, em Claparède aparece como um objeto a ser alcançado, já que o indivíduo visa sempre a um objeto ou um fim e não busca o desaparecimento de uma necessidade. Os objetos do meio externo não têm, *a priori*, um papel excitante a não ser quando estão em relação com necessidades gerais ou momentâneas do indivíduo. Toda vez que há satisfação, a necessidade desaparece e deixa de ser causa da atividade, sendo substituída por outra, que, por sua vez, pode ser ela própria a causa de satisfação.

Piaget (1994; 2005) apresenta também essa ideia de Claparède e acentua que nem o objeto nem a necessidade do sujeito, por si sós, são capazes de determinar a conduta, mas é necessário considerar um terceiro elemento: a relação entre necessidade e objeto.

O interesse é entendido por Claparède como o valor da ação que é determinado pela relação entre necessidade e objeto. Quanto maior a necessidade do objeto, maior é o interesse. Nassif e Campos (2005) buscam a etimologia da palavra interesse (inter-esse = estar entre) para explicar o papel mediador que ele exerce entre as necessidades do organismo (sujeito) e o meio (objeto), estabelecendo um acordo entre ambos: o que equivale dizer que interesse é a síntese causal dessa relação. Nesse sentido, aqueles objetos que têm importância para o indivíduo e que ao mesmo tempo se relacionam a uma necessidade têm o poder de gerar energia. No campo psicológico, Claparède explica que a *atividade*[2] é resultado do interesse, que consiste no aspecto psicológico da necessidade e é responsável pelo restabelecimento do equilíbrio orgânico, mental ou espiritual. Claparède, segundo as autoras, faz uma relação do interesse com o esforço e considera que ambos se complementam por serem dois aspectos de um mesmo impulso, através do qual a pessoa se constrói. Pensando assim, o momento psicológico do acontecimento interior corresponderia ao interesse, enquanto o esforço corresponderia ao momento energético (Nassif; Campos, 2005).

---

[2] Grifo nosso.

Piaget (2005) apresenta duas leis de interesse propostas por Claparède. A primeira é que toda conduta é ditada por interesse e a segunda é que podem existir vários interesses ao mesmo tempo, e nesse caso o organismo atua sobre o interesse maior – como, por exemplo, a mamadeira para um bebê que está com fome. O mesmo objeto pode ser utilizado diferentemente, dependendo do interesse no momento. Em resumo, Piaget (2005) distingue duas significações de interesse para Claparède. Ele seria por um lado um "dinamogenizador" da ação, liberando ou interrompendo a energia de acordo com o interesse ou desinteresse pelo objeto, sendo, portanto, um aspecto regulador. Em outro sentido, o interesse constitui a finalidade da ação que corresponderia à eleição dos objetos em busca da satisfação desejada.

Segundo Piaget (2005), essas duas significações são importantes e correspondem aos seus dois sistemas: intensidade e conteúdo. A intensidade do interesse consiste no aspecto quantitativo e é responsável pela regulação energética das forças. O conteúdo do interesse, que é qualitativo, constitui o valor que leva à escolha dos fins e dos meios. Para Piaget, a noção de interesse é o ponto de união entre o sistema de valorização e o sistema de regulações energéticas.

Ao explicar as regulações energéticas, Piaget (1994; 2005) apresenta e discute a teoria de Pierre Janet, que propôs uma teoria da conduta descrevendo-a de forma hierárquica e cada vez mais complexa, que corresponderia aos sucessivos estágios de desenvolvimento. Nas diferentes condutas que aparecem nos estágios, existem dois tipos de ação: a ação primária e a ação secundária. A primeira refere-se à relação entre o sujeito e o objeto do meio sobre o qual atua (objetos e pessoas) e é organizada cognitivamente. A segunda é a reação do sujeito à ação primária, ou seja, são regulações de forças que consistem na economia interna da ação e constituem a energética, portanto a afetividade. Os efeitos das regulações teriam o papel de aumentar ou diminuir a força da ação primária, como no caso de esforço ou de cansaço que antecipa o fracasso, ou de sentimento de alegria ou de decepção ao concluir uma ação.

Para Janet, toda conduta pode passar por fases sucessivas, sendo elas: latência, desencadeamento, ativação e terminação. Na ativação e terminação podem ser encontradas regulações de ação positivas ou negativas. Na ativação positiva, cujos sentimentos são de pressão (pressão opondo-se à depressão), tem-se o sentimento de esforço que reforça ou acelera a ação primária. A ativação negativa, que se caracteriza por sentimentos de depressão, conduz ao freio da ação primária, e aparecem sentimentos como cansaço e desinteresse. Nas regulações de terminação positiva aparecem os sentimentos de mobilização – alegria e sentimentos de triunfo sentidos ao término de uma ação –, e nas regulações de terminação negativa aparecem os sentimentos de tristeza, angústia, ansiedade, entre outros, que têm um papel idêntico no caso de fracasso.

Resumindo as ideias de Janet, Piaget (1994) fala de "forças psicológicas", cuja natureza não é totalmente conhecida. Essas forças se distribuem diferentemente nos indivíduos e podem variar no mesmo indivíduo de acordo com o momento e a idade. Nesse sentido as regulações têm um papel fundamental na economia geral da conduta, que tende sempre ao equilíbrio. Na criança pequena, o equilíbrio afetivo é mais precário e variável, embora vivaz, enquanto no adulto a conduta é mais estável, porém com pouca vivacidade. Essa diferença de intensidade dos sentimentos está em função do equilíbrio.

Piaget (1994) afirma que a teoria de Janet pode ser aceita em sua proposta, mas ela é insuficiente pelas razões que apresentaremos a seguir.

O autor considera que a afetividade já pode intervir na ação primária e justifica com o exemplo da escolha do objeto percebido no conjunto de um campo. Para ele, a própria relação do sujeito com o objeto supõe uma energética, a participação da afetividade. No que se refere à regulação da economia interna, acredita que ela compreende um duplo aspecto, ou seja, uma regulação interna, como também trocas regulatórias com o meio, nas quais pode haver intervenção de estruturas e elementos cognitivos. Ainda a respeito das regulações, Piaget (1994) não concorda que a afetividade se reduza a elas, embora aceite o papel regulador dos sentimentos. Segundo ele, é necessário agregar ao sistema regulador um segundo sistema, que é o valor da ação, ou seja, é necessário supor algo distinto da regulação interna de forças e fazer intervir a noção de valor. O valor implica uma espécie de expansão da atividade do eu na conquista do universo, é uma troca afetiva com o exterior, com o objeto ou com a pessoa que coloca em jogo a assimilação e a compreensão. Desde a ação primária o valor comparece, e na ação secundária ele redobra de certa forma o sistema regulador simplesmente energético.

Continuando na análise, Piaget (1994; 2005) discute ainda sua teoria com a de Kurt Lewin, cuja tese se afasta dos estudos de Claparède e de Janet.

Kurt Lewin aplicou a teoria da forma e da Psicologia Social nos problemas da afetividade. Piaget (1994; 2005) considera que a aplicação de ambas as teorias ampliou de forma considerável essa noção, uma vez que ao lado do campo perceptivo intervém a noção de campo total, englobando de certa maneira o eu, estruturando-o. De acordo com a teoria do campo total, a estrutura intervém no objeto e nas relações do sujeito com o objeto.

A teoria do campo total proposta por Lewin pode ser repartida em dois elementos que são inseparáveis e ao mesmo tempo diferentes: uma estrutura que corresponde ao aspecto perceptivo ou intelectual e uma dinâmica que corresponde ao aspecto afetivo. Essa repartição está de acordo com a proposta de Piaget, a não ser pelo termo dinâmica, que foi substituído por energética, porque tanto a afetividade como a inteligência possuem essa característica em seu funcionamento.

Piaget (1994; 2005), ao discutir a teoria do campo, entende que sua configuração não é apenas espacial, mas sua estrutura é espaçotemporal, e é justamente nesses dois aspectos que se encontra a distinção entre sistema de regulação e sistema de valorização. O sistema de regulação está relacionado ao aspecto espacial, que é simultâneo, atual e sincrônico, e o sistema de valores relaciona-se ao aspecto temporal, que está na dependência da história das condutas. Em conclusão, o autor afirma que os sistemas de valores são essencialmente diacrônicos em oposição ao sistema de regulação de forças, que é sincrônico.

Para entender melhor a afetividade como reguladora da ação, analisaremos um exemplo citado pelo próprio autor. Um matemático, para demonstrar um novo teorema, gasta seu tempo no trabalho e faz isso porque existe interesse, prazer, entusiasmo, paixão, e isso é afetividade. Para realizar seu trabalho, pode dirigir seus esforços, como acelerar seu desempenho, ou pode, ao contrário, sentir-se cansado e retardar, ou mesmo impedir, a conclusão do trabalho. Essa regulação do próprio trabalho é afetiva. Para Piaget (1994), não existem atos de inteligência sem o interesse como ponto de partida e sem uma regulação afetiva no curso total de uma ação. Ao término da ação, a felicidade, no caso de êxito; ou a tristeza, no caso de fracasso, são manifestações de afetividade.

A exposição da teoria desses autores teve o intuito de demonstrar que, apesar de Piaget não ter estruturado os aspectos afetivos, como fez com os aspectos da inteligência, discutiu seu ponto de vista sobre afetividade apoiado em teorias importantes de sua época, demonstrando com isso a consistência de suas ideias.

Encerrada tal noção de interesse, voltemos aos valores. Piaget (2005) a considera como uma dimensão geral da afetividade e não é vista como um sentimento particular e privilegiado. Seu interesse é saber quando e por que a valorização intervém.

Assim, desde o período da inteligência prática, o bebê não retira apenas conhecimento de suas experiências passadas, vividas, mas também adquire ou não confiança em si mesmo, que é análoga aos sentimentos de superioridade e inferioridade, mesmo que neste nível o eu ainda não esteja constituído. Os êxitos anteriores, segundo o autor, podem ser vistos quando da aquisição da marcha, e esta pode vir com sentimento de autovalorização. Os sistemas de valores iniciam nessa fase e constituem a finalidade da ação e se estendem para a próxima fase: a das representações interindividuais, correspondendo, no campo da inteligência, ao período pré-operatório. Os valores, sendo atribuídos às pessoas, vão se constituir sentimentos morais que em sua forma elementar são caracterizados pelos sentimentos de simpatia e antipatia e que aos poucos se tornarão um sistema cada vez mais amplo e estável do que o sistema de regulação energética. No período da inteligência operatória concreta encontra-se a vontade, que consiste numa regulação de regulação.

IMPLICAÇÕES PEDAGÓGICAS

No âmbito escolar, a análise da vontade como regulador afetivo é pertinente, visto que existe uma queixa, principalmente por parte dos educadores, de que os alunos encontram-se desinteressados, desmotivados, e consequentemente pouco se envolvem com as tarefas escolares. A questão que se coloca é a seguinte: todas as crianças conseguem realizar a operação afetiva da vontade em prol do estudo, do conhecimento?

Como vimos, a vontade só é possível no nível das operações concretas, e nesse sentido devemos refletir se todas as crianças por volta dos sete, oito anos construíram as noções operatórias que lhes permitirão a autorregulação.

Dell'Agli (2008), em sua pesquisa sobre as relações entre aspectos afetivos e cognitivos da conduta, analisou dois grupos de crianças, com e sem dificuldade de aprendizagem (DA). Os aspectos afetivos foram analisados durante as tarefas escolares e em situações lúdicas e por meio de entrevista com a família e professora, enquanto os aspectos cognitivos foram avaliados por meio das provas operatórias e desempenho escolar. Os resultados evidenciaram que as crianças do grupo sem queixa de DA encontravam-se no nível operatório concreto e apresentavam condutas afetivas positivas em ambas as tarefas. A autora discutiu os achados desse grupo dizendo que essas crianças são capazes de fazer triunfar o esforço, o dever, a obrigação sobre os desejos imediatos e momentâneos, subordinado-os a uma escala de valor maior, que nesse caso seria o valor da tarefa escolar.

O grupo com queixa de DA, por sua vez, ou tinha crianças que eram pré-operatórias ou estavam em transição entre os níveis pré-operatório ou operatório concreto e apresentavam condutas afetivas positivas apenas nas atividades lúdicas. Nas tarefas escolares, apresentavam ausência de condutas afetivas positivas, ou ora uma, ora outra. Por não terem atingido a operatoriedade, a vontade se caracteriza por valores ainda instáveis, que não se sustentam em uma escala de valores, e nesse sentido não faz triunfar a tendência fraca, que no caso seria o conhecimento.

Nesse estudo as afirmações de Piaget sobre o paralelismo puderam ser constatadas e uma questão inicial que o educador deve se fazer é se as crianças possuem estruturas intelectuais que lhe permitirão canalizar a sua energética em favor da tarefa, do estudo. No entanto, existem escolares que se encontram no nível operatório concreto, mas que não fazem a operação afetiva (vontade). Para que a vontade funcione como regulador de energia, é imprescindível que o sujeito construa uma escala de valores atuando em um jogo de forças. Nesse sentido podemos pensar se a aprendizagem escolar é carregada de valores positivos para muitos alunos. Se o conhecimento não é valor, há ausência de investimento afetivo. Nos dias atuais, tal questão tem nos incomodado. A educação em nosso País carece de melhorias e estamos vivenciando momentos em que há uma desvalorização do ensino. A escola sendo valor, poderia em muitas ocasiões desencadear o esforço, o estudo, em detrimento da diversão, do prazer imediato, do desejo. Essa questão se reveste de significado, porque, mesmo defendendo a utilização dos jogos e de atividades interessantes, nem tudo na escola pode e deve ser gostoso, prazeroso, com pouco esforço, por esse motivo a regulação afetiva deveria ocorrer em favor da tarefa, para tanto é necessário construir o "valor escola", mais especificamente o "valor conhecimento".

Acreditamos que no início do desenvolvimento o papel da família seja fundamental. Ao conversar com pais e questioná-los sobre a importância da escola, todos concordam sobre o papel fundamental da educação para o futuro dos filhos. Mas, ao indagá-los se eles cobram as lições de casa, se organizam o estudo durante a semana, se estimulam a leitura, muitos dizem que apenas perguntam se tem lição, e quando não são feitas e o professor os comunica, deixam os filhos de castigo. Por essa conduta podemos pensar: que tipo de relação a criança vai estabelecendo com a aprendizagem escolar?

Macedo (1996), ao analisar as regras no desenvolvimento infantil, o faz a partir de várias perspectivas. Uma delas seria a regra enquanto lei, e nesse sentido o seu caráter é normativo, portanto necessário. A outra é compreendida como fórmula, de caráter prescritivo, e por este motivo pode ser levada a cabo por meio de várias maneiras. Além disso, a regra tem caráter de regularidade, ou seja, deve ser repetida em todas as circunstâncias. O autor discute também a regra como sendo obrigatória, e dentre elas cita a regra do bom estudo. Esta é considerada por ele como obrigatória porque valoriza o ideal de uma função, mas é incisivo ao dizer que confundimos tanto a criança como o adulto no caso de a considerarmos como simples e puros combinados. A partir dessa análise do autor, o estudo deve ser compreendido como uma lei, e nesse caso não há possibilidade de negociação quanto a querer ou não estudar, mas pode ser discutido o horário, se naquele dia vai estudar sozinho ou com um coleguinha, em casa ou no plantão da escola, mas jamais se negocia se vai estudar ou não. Não basta apenas dizer para a criança que o estudo é importante, que sem ele não será ninguém na vida, que não terá dinheiro e que não conseguirá arrumar emprego. Embora tenha seu fundo de verdade, pensemos na perspectiva da criança que ainda está construindo os seus valores, e estes serão formados a partir de condutas claras e coerentes de seus pais.

O mesmo vale para o educador, que deve ter condutas no sentido de valorizar o estudo, o conhecimento, que pode ser da ordem de orientar os pais ou discutir com a criança sua importância e sua necessidade, e demonstrar isso em sua prática, e não optar por sanções expiatórias, tais como deixar sem recreio, sem futebol, dentre tantas outras observadas no cotidiano da escola.

Pensemos agora nas tarefas propostas. Elas muitas vezes não podem ser prazerosas, lúdicas. Não é possível transformar a escola em lugar de brincadeira, embora as brincadeiras devam estar presentes, não é essa a questão. O que está em jogo é a natureza da tarefa. Sabe-se que muitas estão além da capacidade intelectual do momento, e quando isso ocorre gera também desinteresse, desmotivação, mas nesse caso por dificuldades essencialmente do educador, que deve ser competente para verificar tal dimensão. Se pensarmos que somos seres destinados a aprender, por que muitas crianças não gostam da escola? É uma questão interessante. Seguindo esse eixo de análise, podemos pensar na perspectiva genética defendida por Piaget de que desde o sensório-motor estão presentes sentimentos de sucesso e fracasso, cuja consequência são os sentimentos de confiança ou desconfiança em suas ações, e que no estágio seguinte, por se tornarem mais duradouros, dão lugar a um valor pelo fato de o indivíduo ser conduzido a julgar a si mesmo como superior ou inferior aos outros. Nesse sentido situações de êxitos ou de frequentes fracassos no contexto da aprendizagem podem interferir no desenvolvimento posterior. Pensando assim, a responsabilidade dos educadores é fundamental e não pode ser negligenciada. Dizer isso parece repetir o que já se sabe, o óbvio, mas o sentido que estamos querendo é mais amplo do que apontar erros e falhas. É, sobretudo, mostrar ao educador o seu próprio valor.

REFERÊNCIAS BIBLIOGRÁFICAS

DELL'AGLI, B. A. V. *Aspectos afetivos e cognitivos da conduta em crianças com e sem dificuldades de aprendizagem.* Tese de doutorado apresentada na Faculdade de Educação da Unicamp. Campinas, 2008.

MACEDO, L. O lugar dos erros nas leis ou nas regras. In: MACEDO, L. (org.). *Cinco estudos de educação moral.* São Paulo: Casa do Psicólogo, 1996.

NASSIF, L. E.; CAMPOS, R. H. F. (2005). Edouard Claparède (1873-1940): interesse, afetividade e inteligência na concepção da psicologia funcional. Memorandum 9 (2005) 91-104. Disponível em: <http://www.fafich.ufmg.br/~memorandum/a09/nassifcampos01.pdf>. Acesso em: 9 out. 2005.

PIAGET, J. Inteligencia e afectividad. Buenos Aires: Ainque, 2005. Originalmente publicado em 1954.

_____. Las relaciones entre la inteligencia y la afectividad en el desarrollo del niño. In: DALAHANTY, G.; PERRÉS, J. (compiladores). *Piaget y el psicoanálisis*. México: Universidad Autónoma Metropolitana, 1994. [Originalmente publicado em 1954.]

_____. *Seis estudos de psicologia*. 24. ed. Rio de Janeiro: Forense Universitária, 2001. [Originalmente publicado em 1964.]

_____. Will and action. *Bulletin of the Menninger Clinic* 26(3). Three lectures presented as a series to the Menninger School of Psychiatry. March, 6, 13 and 22, 1961. Porto Alegre: UFRGS, 1962.

3. Intervenção do professor em situações lúdicas coletivas: construindo relações cooperativas

*Heloisa Helena Genovese de Oliveira Garcia**

Na sociedade atual, presenciamos um movimento vertiginoso de expansão dos modos de produção e compartilhamento de informação. Novas tecnologias permitem que nos conectemos a outras pessoas superando distâncias e outros obstáculos, o que, certamente, proporciona facilidades e ganhos efetivos à vida diária. No entanto, novos desafios também se impõem, ou, pelo menos, alguns antigos ganham novas roupagens.

Um desses desafios refere-se ao estabelecimento de boas parcerias. No âmbito profissional, a noção de trabalho em rede, envolvendo a integração entre pessoas e processos e a gestão do tempo pessoal e coletivo, é fundamental, mesmo que nem sempre pressuponha um contato real, mas virtual. Da mesma forma, no âmbito pessoal, para empreendermos quaisquer projetos de vida (como construir uma profissão,

---

* Psicóloga formada pelo Instituto de Psicologia da Universidade de São Paulo, mestre e doutora em Psicologia pelo Programa de Psicologia Escolar e do Desenvolvimento Humano pelo mesmo Instituto. Atua como docente dos cursos de graduação em Psicologia, Pedagogia e Nutrição da Universidade Paulista (UNIP), nas modalidades presencial e EaD. É supervisora de estágio, escritora e revisora de material didático na mesma universidade. Também atua como docente de curso de Pós-Graduação em Psicopedagogia do Instituto Nacional de Pós-Graduação (INPG). É membro do Grupo de Trabalho da Associação Nacional de Pesquisa e Pós-Graduação em Psicologia (ANPE-PP): "Os jogos e sua importância para a psicologia e a educação"; membro do Grupo de Pesquisa "Psicologia e Saúde" (UNIP/CNPq). É especialista em Psicologia Clínica (CRP-SP). Atua nas áreas clínica e escolar e ministra cursos e palestras relacionados aos temas desenvolvimento humano, construtivismo, psicanálise, psicologia escolar, educação e psicopedagogia. E-mail: <hhgo@uol.com.br>.

estabelecer relações afetivas e/ou constituir uma família), dependemos de outras pessoas que compartilhem minimamente nossos planos, valores, desejos...

De fato, como seres sociais que somos, nosso desenvolvimento ocorre de modo entrelaçado às interações sociais que estabelecemos. A cada etapa de nossas vidas precisamos de pessoas como apoio, referência, modelo, mesmo que a ser contestado, para construirmos quem somos e quem seremos. Para que possamos sobreviver, alguém deverá nos alimentar e amparar; para aprendermos a nos comunicar, alguém falará conosco e nos escutará... Para aprendermos a refletir, a pensar, precisamos que alguém nos ouça e nos questione sobre nossas crenças e nossos pontos de vista.

Para aqueles que trabalham em contextos educacionais, o desafio de estabelecer boas parcerias se faz em dobro: tanto na perspectiva pessoal, junto aos colegas da sua equipe, como na perspectiva do seu compromisso com a formação de outros indivíduos. Dessa forma, junto às perguntas essenciais: "O que ensinar?", "Como ensinar?" e "Para que ensinar?", ganha força a discussão sobre "Como ensinar a conviver?" e "Quais princípios devem nortear essa convivência?".

Cada sociedade, cada cultura, cada escola, buscará parâmetros para enfrentar essas questões e, para citar um deles, remetemos ao livro de Edgar Morin *Os sete saberes necessários à educação do futuro* (2. ed. São Paulo: Cortez, 2002). Baseado no Relatório da Comissão Internacional sobre a Educação para o Século XXI – Relatório Delors, intitulado "Educação: um tesouro para descobrir" (Morin, 2002), o livro propõe uma discussão ampliada sobre os quatro pilares indispensáveis para a educação contemporânea: aprender a ser, aprender a fazer, a viver juntos e a conhecer. A tese que dá sustentação aos diversos princípios apontados pelo sociólogo é sintetizada na seguinte afirmação:

A complexidade humana não poderia ser compreendida disso-
ciada dos elementos que a constituem: todo o desenvolvimento
verdadeiramente humano significa o desenvolvimento conjunto
de autonomias individuais, das participações comunitárias e do
sentimento de pertencer à espécie humana (Morin, 2002, p. 55).

Vemos, portanto, que o desafio de "viver juntos" encontra-
-se diretamente relacionado ao desenvolvimento destas três
condições: autonomia, participação e pertencimento. E como,
na prática, podemos favorecer esse desenvolvimento?

Neste capítulo[1] nós recorreremos a algumas contribuições
de Jean Piaget e alguns de seus seguidores, que, embora
tenham sido propostas há várias décadas e para um mundo
em certa medida distinto do que vivemos hoje, consideramos
que em essência continuam extremamente atuais e, principalmente, úteis ao fazer docente, objetivo maior deste livro.
Sendo assim, ele será dividido em quatro tópicos. Iniciaremos
apresentando as ideias de Piaget sobre cooperação e sobre o
uso do jogo em uma visão piagetiana. Na sequência, analisaremos procedimentos de intervenção realizados em oficinas
de jogos com crianças e adolescentes, referenciadas no *método
clínico* do mesmo autor, e finalizaremos discutindo implicações
desses temas para a prática pedagógica.

COOPERAÇÃO EM PIAGET

A *epistemologia genética* de Jean Piaget é uma teoria bastante difundida em nosso meio, especialmente em função da
proposição dos quatro estádios[2] do desenvolvimento cognitivo,

---

[1] O presente texto se baseia, em parte, na tese de doutorado da autora, "Adolescentes
em grupo: aprendendo a cooperar em oficina de jogos", 2010, realizada sob orientação
do Prof. Dr. Lino de Macedo, no Instituto de Psicologia da USP, com bolsa da Fapesp.

[2] Nas traduções da obra de Jean Piaget, é bastante comum encontrarmos o termo "estágio
de desenvolvimento cognitivo". Entretanto, preferimos seguir a posição do Prof. Dr.

a saber: sensório-motor, pré-operatório, operatório concreto e operatório formal. Tais etapas consistem de diferentes modos de organização do conhecimento, as estruturas mentais, que se sucedem e se integram reciprocamente, mantendo a função essencial da inteligência, qual seja de uma adaptação progressiva e majorante do indivíduo ao ambiente. Essas contribuições sustentam-se em extensos e minuciosos estudos realizados pelo próprio Piaget e pelos pesquisadores do Centro Internacional de Epistemologia Genética, fundado por ele em Genebra, em 1954, e que permanece em atividade até hoje. A teoria de Piaget é uma teoria interacionista, isto é, fala de um sujeito que se constitui mediado por constantes trocas com a realidade e que, ao interagir com ela, torna-se capaz de conhecer a si mesmo e ao mundo cada vez mais e melhor. A esse respeito, Macedo (2009, p. 46) esclarece: "[...] conhecimento e vida só se realizam na dialética de suas conservações e transformações, em contextos de troca, em que elementos do 'exterior' e do 'interior' complementarmente são necessários ao sujeito que conhece e vive". Nesse contexto de trocas com a realidade é importante destacar que o próprio Piaget afirma que as interações sociais desempenharão um papel cada vez maior no curso do desenvolvimento humano, embora este seja um aspecto pouco conhecido das suas ideias.

O desenvolvimento do ser humano está subordinado a dois grupos de fatores: os fatores de hereditariedade e adaptação biológica, dos quais depende a evolução do sistema nervoso e dos mecanismos psíquicos elementares; e *os fatores de transmissão ou de interação social, que intervêm desde o berço e desempenham*

Lino de Macedo (Garcia, 2010), um dos maiores estudiosos de Piaget em nosso meio, que argumenta que a tradução para "estágio" reforça aspectos contrários à teoria piagetiana – como a ideia de insuficiência, de incompletude diante de uma forma futura acabada –, enquanto a tradução "estádio" ressalta a dimensão sincrônica, simultânea e integrada das diversas construções que estão em curso numa determinada etapa do desenvolvimento, com um valor próprio e não somente relativo ao que virá depois.

um papel de progressiva importância, durante todo o crescimento, na constituição dos comportamentos e da vida mental. Falar de um direito à educação é, pois, em primeiro lugar, reconhecer o papel indispensável dos fatores sociais na própria formação do indivíduo (Piaget, 1972/1998, p. 29 – grifos nossos).

Sem definir estádios específicos para o tema das interações sociais, Piaget identificou momentos sucessivos e interdependentes neste campo, num percurso que caminha do egocentrismo a uma progressiva descentração e diferenciação em relação ao outro, de modo que os bebês e as crianças pequenas partirão de uma condição de maior dependência e submissão a outras pessoas até tornarem-se adolescentes e adultos capazes de estabelecer relações solidárias e cooperativas.

Vejamos, resumidamente, como ocorre essa descentração ao longo dos diferentes estádios. No período sensório-motor, a inteligência essencialmente prática e individual age, percebe, se movimenta no mundo, abstrai e constrói conhecimentos sobre a realidade, formando a base da inteligência socializada, a ser conquistada no estádio seguinte. Nestes dois primeiros anos, em média, a criança empreenderá a construção do real, calcada na percepção dos objetos como separados e independentes de si – a noção de objeto permanente –, sendo que, em relação às regras sociais, vive, ainda, uma situação de anomia, de ausência de regras, as quais dependem exclusivamente dos adultos que a cercam.

Já no período pré-operatório, em função da construção da capacidade de representação (através da linguagem, da imitação, do desenho, do jogo e da imagem mental), as experiências físicas e sociais ampliam-se em quantidade e em extensão, tornando possível a comunicação com os outros. Mas, como a criança ainda não constituiu a reversibilidade, a sua fala e o seu pensamento ainda são egocêntricos, tornando impossível um verdadeiro diálogo e constituindo o que o autor chama de monólogos coletivos (Piaget, 1964/2003). Além disso, como as ideias e conceitos ainda são intuitivos (não seguem a lógica nem se conservam), as opiniões afirmadas e defendidas num instante podem ser facilmente modificadas e mesmo substituídas pelo seu inverso, sem que a própria criança perceba ou cobre coerência, tanto de si mesma como dos outros. Nesse sentido o desenvolvimento da linguagem terá papel fundamental para a consolidação de uma percepção descentrada dos outros, uma vez que a adesão a signos comuns a todos (e não vinculados a sentidos pessoais) é condição para que haja compreensão mútua e trocas efetivas.

No âmbito das relações sociais e da moralidade, antes de desenvolver a capacidade operatória a criança não questiona ou argumenta diante das normas ou regras que lhe são apresentadas. Ela as aceita e se submete em função de um sentimento de respeito que, nesse caso, é vivido de modo assimétrico e unilateral, o que expressa uma condição de heteronomia. A criança reconhece o dever de obediência aos pais e aos mais velhos, o que não é diretamente extensivo às relações com seus pares. Atributos como a autoridade e o prestígio (dos pais e outros adultos com quem convivem) alimentam relações qualificadas de coação, de sujeição e dependência perante uma autoridade inquestionável. Piaget (1965/1973) adverte, no entanto, que, embora compatíveis com este nível de desenvolvimento da inteligência e afetividade, permanecer circunscrito a tais qualidades de interação trará sérios prejuízos ao progresso intelectual e ao estabelecimento de relações democráticas e solidárias (metas tão caras aos princípios piagetianos).

É importante frisarmos, portanto, uma ideia central de Piaget: que os progressos do pensamento em direção à lógica e da socialização em direção à cooperação constituem dois aspectos indissociáveis de uma única e só realidade, ao mesmo tempo social e individual (1965/1973). Como exemplo, ele

68

destaca que, ao se tornar capaz de discutir, ou seja, de expor ordenadamente e de modo compreensível seus argumentos a um interlocutor, o indivíduo também desenvolve a capacidade de discutir internamente consigo mesmo, o que corresponde à capacidade de reflexão. Esse mesmo movimento em direção à descentração do pensamento ocorre no campo da moralidade, através da evolução do sentimento de respeito unilateral para o respeito mútuo, e das relações de heteronomia para a autonomia: esta última relacionada diretamente à cooperação. Mas esta evolução dependerá diretamente das próximas construções cognitivas.

Com o desenvolvimento da capacidade operatória nos dois estádios seguintes, a qual se sustenta nas noções de conservação e de reversibilidade, os pensamentos, conceitos e valores ganharão estabilidade e coordenações entre si. A lógica permitirá classificar, ordenar, relacionar, comparar situações e objetos, para além das experiências sensoriais ou subjetivas. No plano afetivo e social, tal conquista tornará possível a construção de uma escala de valores compartilháveis e o estabelecimento de relações pautadas na reciprocidade, consequentemente mais justas e cooperativas.

Em outras palavras, à medida que o pensar da criança se torna operatório, ele ganha poder e autonomia crescentes, ao mesmo tempo em que mudanças correspondentes acontecem no plano afetivo e social, com o fortalecimento da vontade e a hierarquização de valores. Submeter-se e respeitar as regras passará, aos poucos, a ser uma questão de um querer autônomo, implicando respeito mútuo e envolvendo escolhas de ordem ética. Isto é, não se trata de tornar-se livre para agir de qualquer maneira, mas de realizar ajuizamentos, de aceitar limites e responsabilidades, para si mesmo e para os outros, da mesma maneira que, no plano do pensamento, a lógica permanecerá vinculada à coerência. "Por pressão da conquista da reciprocidade, o respeito passa a ser vivido enquanto obrigação mútua, condição para a ideia de justiça e para relações de cooperação" (Garcia, 2010, p. 59).

A grande conquista do último estádio é o pensamento operatório formal, isto é, a capacidade de pensar por meio de hipóteses, utilizando deduções retroativas e projeções futuras, ferramentas de uma nova lógica, a lógica das proposições. Com isso, a relação com o mundo físico e social ganhará uma complexidade, um poder de abstração e, portanto, uma liberdade que eram impossíveis até então. Mais uma vez, as mudanças no plano cognitivo favorecem uma nova organização afetiva e de valores, impulsionando um novo posicionamento do adolescente perante o grupo social. A reversibilidade cognitiva estende-se ao campo das relações interindividuais, na forma de relações de reciprocidade, causando, muitas vezes, turbulências. Isso porque, num primeiro momento, devido ao egocentrismo característico dessa fase ligado ao pensamento, predomina uma postura de confronto com os valores da sociedade (e seus representantes, como pais e professores) e tentativas de reformá-la. Esse modo de pensar e agir, com características prepotentes, faz parte da própria natureza do processo de desenvolvimento cognitivo. Progressivamente, as ideias que o adolescente atribui às coisas e aos outros passarão a ser tratadas como hipóteses a serem verificadas, aproximando-o de uma visão mais realista, diferenciada e integrada em relação a si mesmo, aos outros e ao mundo. O grupo de pares se constituirá como um lugar privilegiado de trocas cognitivas e afetivas, proporcionando ao adolescente o fortalecimento (e o confronto) de ideias, valores e sentimentos e, mesmo, da criatividade: "[...] a metafísica própria ao adolescente, assim como suas paixões e megalomanias, são preparativos reais para a criação pessoal" (Inhelder; Piaget, 1970/1976, p. 64).

No plano social e afetivo, além do fortalecimento das conquistas dos estádios anteriores, o adolescente se tornará capaz de refletir e argumentar sobre conceitos inapreensíveis diretamente e que dependem de operações cognitivas e afetivas complexas: noções de justiça, ética, amor, pátria, solidariedade. Observamos acalorados debates entre adolescentes, sendo que essa vida social estimulará, precisamente, uma descentração que, além de moral, é também intelectual: "[...] é principalmente nas discussões com os colegas que o criador de teorias frequentemente descobre, pela crítica às dos outros, a fragilidade das suas" (Inhelder; Piaget, 1970/1976, p. 257).

A ampliação indefinida da reflexão que permite este novo instrumento que é a lógica das proposições leva, inicialmente, a uma *indiferenciação* entre esse poder novo e imprevisto que o eu descobre e o universo social ou cósmico que é objeto dessa reflexão. Em outras palavras, o adolescente passa por uma fase que atribui um poder ilimitado ao seu pensamento (Inhelder; Piaget, 1970/1976, p. 257 – grifo nosso).

Assim, um desenvolvimento majorante (mais eficiente, mais cooperativo, mais feliz, portanto) caminha de uma condição de egocentrismo, de indiferenciação entre o que o sujeito vive, pensa e percebe sobre a realidade para uma posição descentrada, em que consiga diferenciar seu ponto de vista dos demais, e, além disso, que seja capaz de integrar – com repeito e responsabilidade – as diferenças existentes. Uma tarefa que exigirá esforços e regulações constantes, pois, para Piaget, embora imprescindível ao desenvolvimento, a passagem da condição de respeito unilateral, heteronomia e relações de coação para a de respeito mútuo, autonomia e relações de cooperação não se fará de modo definitivo, mas envolverá esforços e ajustes constantes. Em suas palavras: "[...] podemos dizer que o respeito mútuo ou a cooperação nunca se verificam completamente. São formas de equilíbrio não só limitadas, mas ideais" (Piaget, 1932/1994, p. 83).

Isso nos leva às duas características que o autor atribui à cooperação: um método e um princípio. Enquanto um método de trabalho, ela favorece concretamente o desenvolvimento da autonomia e do respeito recíproco entre as pessoas, fortalecendo o compromisso com o bem comum. Nessa mesma direção Piaget (1935/1998) destaca o valor do trabalho em grupo para o desenvolvimento tanto cognitivo como afetivo e moral, lembrando que, na adolescência, o grupo de pares assume uma importância ainda maior, tendo em vista o processo de formação da personalidade. Por outro lado, enquanto um princípio, ela nunca será plenamente alcançada, permanecendo como um norteador para nossas condutas, demandando regulações contínuas.

A cooperação, fundada na igualdade, é uma forma ideal de relações entre indivíduos. Ela implica o respeito mútuo, o princípio de reciprocidade e a liberdade ou autonomia de pessoas em interação. Piaget valoriza a cooperação porque se trata de uma forma de equilíbrio nas trocas, e da forma superior de equilíbrio onde o todo e as partes conservam-se mutuamente (sem que um domine em detrimento do outro). (Montangero; Maurice-Naville, 1998, p. 122).

Retomando as perguntas colocadas anteriormente neste texto – "Como ensinar a conviver?" e "Quais princípios devem nortear essa convivência?" –, defendemos, portanto, que o exercício contínuo da cooperação será fundamental para que ela seja assimilada e valorizada pelas crianças e adolescentes, para que se fortaleçam os ganhos que ela proporciona, mesmo considerando que se trata de um trabalho sem fim. Que situações coletivas constituem espaços privilegiados para realizar esse trabalho, o que implica diretamente o fazer docente, e que os jogos podem exercer importante função mediadora neste processo.

JOGO DE REGRAS EM UMA VISÃO CONSTRUTIVISTA

Interessado em compreender o pensamento infantil, sua gênese e evolução até a idade adulta, Piaget recorreu ao estudo dos jogos em várias ocasiões, uma vez que eles envolvem todas as dimensões do desenvolvimento humano: cognitiva, afetiva e social. Piaget analisou diferentes estruturas do jogo – de exercício, simbólico, de construção e de regras (1945/2010) –, sendo que, para nosso propósito, ater-nos-emos à última delas, que se relaciona diretamente com o tema da cooperação. Em essência, os jogos de regras pressupõem a existência de parceiros e um conjunto de obrigações (regras), o que lhes confere um caráter eminentemente social. Havendo regras, há, consequentemente, a obrigação de sujeitar-se a elas, com forte pressão para que ocorra acomodação do sujeito diante das exigências do ambiente, ao que é externo a ele e que deve ser compartilhado pelo grupo. Tais jogos requerem, assim, a conquista da capacidade operatória e da reversibilidade lógica, tanto quanto da reciprocidade nas relações interpessoais.

O caráter coletivo dos jogos de regras remete a um tipo de assimilação específico: a assimilação recíproca (a adesão mútua às regras propostas pelo jogo). O jogador deverá canalizar sua criatividade, sua imaginação (própria dos jogos simbólicos, característicos do estádio pré-operatório), para o contexto permitido no jogo: num jogo de xadrez, por exemplo, cada um será rei, rainha, bispo etc., dominando seu exército na busca pela vitória. Mas esta última, por pressão da cooperação e da reciprocidade, só trará verdadeira satisfação se ocorrer dentro do limite das regras. Isso se verifica, por exemplo, com as crianças a partir de certa idade (sete, oito anos, em geral) que não aceitam que as deixemos ganhar, que joguemos com elas "de mentirinha": elas querem vencer seriamente, dentro das regras do jogo (não querem a vitória a qualquer custo, como quando eram mais novas). E como, também a partir dessa idade, elas buscam formas de regulação para as ocasiões de descumprimento das regras, ou trapaças, que são expressamente condenadas.

Os jogos de regras envolvem, certamente, a competição: é preciso haver um desejo comum aos jogadores de ganhar o jogo, seja de superar o parceiro, seja de superar a si mesmo (o que tem maior valor em termos piagetianos, pois implica o autoaperfeiçoamento dos sujeitos). Isso, entretanto, não exclui de forma alguma a necessidade de cooperação: de cumprimento das regras do jogo e de conduta diante do adversário. Para Piaget, ambas – competição (que impulsiona o desenvolvimento, o desejo de ser cada vez melhor) e cooperação (que valida, que legitima as minhas conquistas) – são inseparáveis (Kamii; Devries, 1991). Além dessas habilidades sociais, os jogos de regras demandam, ainda, o desenvolvimento de estratégias, do pensamento hipotético-dedutivo, de análises combinatórias, da habilidade de lidar simultaneamente com o passado (jogadas já feitas), o futuro (onde quero chegar), para decidir no presente (efetuar minha jogada).

Vimos que, de acordo com Piaget, o desenvolvimento moral deve ter como meta a construção da autonomia e da capacidade de cooperação, ainda que elas nunca se constituam de forma plena e eventuais retrocessos à condição anterior, de heteronomia, possam ocorrer. Para que isso ocorra, é necessário que a criança se desenvolva em um ambiente onde as regras possam ser construídas e internalizadas de maneira significativa, que ela seja desafiada, provocada, estimulada a tornar-se participativa. Os jogos de regras constituem, assim, importantes situações em que as crianças e os adolescentes experimentam essas diferentes relações com as regras, assumindo progressivamente uma postura mais autônoma e, portanto, responsável. Se o jogador permanecer indiferente ao outro, voltado apenas para si mesmo e para sua perspectiva no jogo de forma egocêntrica, dificilmente terá êxito. Para isso, será necessário que ele possa diferenciar e integrar as múltiplas dimensões do jogo: física (das regras do jogo), espaçotemporal (do desenlace das jogadas em uma partida), subjetiva (da sua autoavaliação constante) e interpessoal (de si mesmo diante do[s][da(as)] oponente[s]).

Os jogos de regras, nessa visão piagetiana, têm sido instrumento de inúmeras pesquisas por parte de educadores e psicólogos (além de outros profissionais), dentre as quais destacamos o livro *Jogo, psicologia e educação: teoria e pesquisas* (Macedo, 2009). Uma das metodologias de intervenção exploradas no livro trata-se exatamente das oficinas de jogos, utilizadas como referência para as intervenções que serão analisadas neste capítulo. Elas consistem de encontros semanais por um grupo de doze participantes, em média, durante períodos variáveis de seis a dezoito meses, nos quais se articulam momentos de ação e reflexão sobre a ação, colocando os participantes na posição de sujeitos ativos do próprio processo de construção de conhecimento e desenvolvimento de atitudes. Todos os encontros (oficinas) são mediados pelo uso de jogos de regras variados, que exploram diferentes estruturas cognitivas e socioafetivas. Além disso, realizam--se diferentes tipos de agrupamento entre os participantes quanto à configuração (duplas, trios, equipes, grupo todo) e aos critérios de formação (espontâneo, predefinido, aleatório). A escolha, em cada caso, segue um planejamento prévio, embora possa sofrer alterações em função das observações do processo individual e coletivo dos participantes.

Nas oficinas de jogos, estes são utilizados como instrumentos que favorecem a observação e a compreensão de aspectos cognitivos, afetivos e sociais, permitindo, também, visualizar progressos dos sujeitos quanto à resolução e à discussão dos problemas propostos pela situação lúdica. Dessa forma, promovem-se frequentes ocasiões em que se discutem partidas, ou mesmo jogadas específicas, além da problematização de situações envolvendo as atitudes e os modos de interação entre os participantes. Portanto, além de constituir um contexto extremamente favorável à observação das habilidades e ações dos sujeitos, tais jogos criam oportunidades de intervenções que mobilizam avanços. Embora envolvida em outras especificidades e sujeita a outras demandas, a sala de aula também instaura um contexto coletivo propício à proposição de situações lúdicas que possibilitam tanto ao profissional, no caso o professor, como aos sujeitos, os alunos, analisarem diferentes aspectos do funcionamento cognitivo e socioafetivo relacionados às situações de aprendizagem.

PROCEDIMENTOS DE INTERVENÇÃO EM SITUAÇÕES LÚDICAS

Agora que já apresentamos nossos fundamentos quanto à importância da cooperação e ao valor dos jogos de regras para o desenvolvimento humano em uma perspectiva piagetiana, passaremos à análise do material prático referente ao nosso tema: a construção de relações cooperativas em um grupo de adolescentes. Para intervir diante deste tema, começamos identificando atitudes favoráveis e necessárias ao desenvolvimento dessas relações: 1) descentração diante das propostas, 2) descentração diante do outro, 3) respeito às regras dos jogos, 4) respeito ao outro, 5) responsabilidade pela organização do grupo, 6) responsabilidade pelas decisões e 7) espírito lúdico.

E como entender tais atitudes? Vejamos o primeiro caso, da descentração diante das propostas: durante as oficinas de jogos, diferentes atividades foram propostas (desde conhecer um jogo novo, praticá-lo, analisar partidas etc.) e, muitas vezes, os adolescentes se mostravam numa condição indiferenciada, querendo que a atividade fosse como eles desejavam, não aceitando as características próprias a ela: eles precisavam se colocar abertos a ouvir, compreender e aceitar o que era proposto para que pudéssemos prosseguir. De forma semelhante, no segundo caso, era essencial que cada adolescente reconhecesse a individualidade dos outros participantes, principalmente quando trabalhavam em dupla ou equipe, considerando outros pontos de vista além dos seus próprios. Já quanto às duas atitudes de respeito – diante das regras e das outras pessoas – elas obviamente se complementam e sua importância foi destacada nos itens anteriores. As atitudes de responsabilidade pela organização do grupo, bem como pelas decisões tomadas, estavam relacionadas ao favorecimento de uma condição de autonomia que, como vimos, está diretamente ligada à cooperação. Por fim, achamos pertinente incluir a atitude de espírito lúdico em função de uma característica básica dos jogos (desde os jogos de exercício, presentes no estádio sensório-motor), que é o prazer funcional: a ideia que jogar combina com leveza, divertimento, com brincadeira – mesmo que as fronteiras entre uma brincadeira respeitosa e outra, não, nem sempre sejam claras, o que mostra que todas essas atitudes não ocorrem de modo isolado.

Coerentes com nossos princípios interacionistas, defendemos que devemos analisar não somente as atitudes dos adolescentes, mas a qualidade de nossas mediações, o que nos levou a identificar e classificar dezoito procedimentos de intervenção. A seguir, apresentaremos uma análise desses procedimentos divididos em três grupos, considerando que tinham como objetivo promover um movimento nos adolescentes que evoluísse da indiferenciação para a diferenciação e integração. Decidimos utilizar verbos para representar cada um deles, sublinhando seu caráter dinâmico. O quadro a seguir expressa essa classificação:

	Procedimentos de intervenção	Objetivos
Grupo 1	Acolher Destacar Retomar Apontar Identificar Insistir	Chamar a atenção do sujeito para que perceba sua conduta na situação Romper a indiferenciação
Grupo 2	Questionar Confrontar Diferenciar Inibir Reprovar Ignorar	Gerar certa tensão, para que o sujeito reconheça nuances da sua conduta na situação Estimular a diferenciação
Grupo 3	Valorizar Implicar Incentivar Socializar Brincar Incluir	Mobilizar o sujeito, para que se envolva de modo diferente com a situação, consigo ou com os outros Promover integrações

Os procedimentos que compõem o primeiro grupo são: *acolher, destacar, retomar, apontar, identificar, insistir*. Eles têm em comum o intuito de marcar e chamar a atenção do adolescente para determinada conduta. Ou seja, foram utilizados quando era necessário romper uma condição indiferenciada do adolescente perante a situação. O segundo grupo de procedimentos reúne diferentes ações que provocam uma oposição ou certa tensão diante da conduta do sujeito: *questionar, confrontar, diferenciar, inibir, reprovar, ignorar*. Com eles, buscou-se que os adolescentes estabelecessem diferenciações entre condutas distintas. Por fim, no terceiro grupo, foram reunidos os procedimentos: *valorizar, implicar, incentivar, socializar, brincar, incluir*. De maneiras distintas, entendemos que todos eles levam a uma compreensão mais ampliada e a um maior envolvimento com a situação, consigo mesmo ou com os outros: eles estimulam o estabelecimento de integrações.

A seguir, vamos examinar alguns exemplos desses procedimentos em conjunto com os cinco tipos de reação dos sujeitos descritos por Piaget no seu *método clínico* (Piaget, 1947/2005; Delval, 2002): não importismo, fabulação, crença sugerida, crença desencadeada e crença espontânea. Ele utilizou tal classificação num contexto de pesquisa, mas entendemos que ela é útil para pensarmos sobre reações humanas diante do conhecimento em diferentes contextos, como as oficinas e a sala de aula (Macedo, 2002). Os nomes relativos aos sujeitos são fictícios, preservando os cuidados éticos do sigilo e da confidencialidade.

Grupo 1: acolher, destacar, retomar, apontar, identificar, insistir

As ações incluídas pretendem envolver ativamente o sujeito na situação em andamento, quando ele se apresenta numa postura desinteressada ou desmobilizada. Há, nesse sentido, uma semelhança com a reação de "não importismo", que Piaget descreve no *método clínico*, em que o sujeito se coloca alheio, disperso. No caso das oficinas de jogos, ela é impeditiva do próprio desenvolvimento das propostas e dos jogos e, por conseguinte, do aperfeiçoamento dos sujeitos, seja em termos cognitivos, seja em termos socioafetivos. Outro tipo de postura dos adolescentes, de distrair e desviar a atenção, brincar de forma inadequada, tirando o foco da atividade, também foi alvo dos procedimentos de intervenção deste grupo, e se assemelha às reações de "fabulação" descritas por Piaget: "[...] quando a criança, sem mais refletir, responde à pergunta inventando uma história em que não acredita, ou na qual crê, por simples exercício verbal" (Piaget, 1947/2005, p. 12). Nesses dois tipos de situação verificamos que o adolescente se achava fechado em seu próprio mundo de interesses, sem conseguir interagir produtivamente com o grupo e a tarefa, numa condição de indiferenciação entre o sujeito e os objetos ou outros sujeitos.

Selecionamos um trecho de uma oficina, em que o tema colocado em pauta pela coordenadora da oficina foi a dificuldade de ouvir o outro. Na intervenção, ela *destaca* uma situação concreta e busca ajudar o grupo a *identificar* o que estava em andamento. A partir dessa intervenção, um dos adolescentes (Robson) assume o papel de mobilizar o grupo para uma mudança de atitude.

A coordenadora (C) é interrompida várias vezes por Fernando e ela fala para ele esperar um pouco, mas ele insiste outras vezes, dificultando que ela apresente o jogo do dia. O grupo está sentado ao redor da mesa, mas todos estão falando muito. (C): *Pessoal, às vezes, para eu falar uma frase, demora 2, 3 minutos, até todos ouvirem... É muito barulho, muita agitação, não? Vocês percebem como isso faz a gente perder tempo?* O grupo ouviu em silêncio a fala e Robson comenta: *Pessoal, vamos ficar quieto e ouvir a Heloisa!* O grupo fica um pouco mais calmo e consegue ouvir as explicações sobre as regras do jogo Quarto, que será feito em duplas (trecho Oficina 3).

Num outro exemplo, verificamos uma situação em que o tema era a reflexão do grupo sobre o compromisso de frequentar as oficinas e contribuir para um clima de respeito e cooperação. A coordenadora *insiste* na reflexão conjunta e no compromisso com uma atitude diferente. Além disso, buscou *identificar* junto com o grupo um modo diferente de se relacionarem, com mais respeito e cuidado, na oficina que se iniciava. Vários adolescentes se mobilizam com a discussão e reconhecem o prejuízo provocado por aquela atitude.

A coordenadora começa a oficina retomando a conversa do final da oficina anterior, em que conversaram sobre o excesso de falas, palavrões, tumulto, ninguém podendo se ouvir: *O que vocês pensaram sobre a oficina passada? E hoje, como a gente vai ficar?* Júlio lembra que fez muita bagunça na semana anterior. Lia concorda com a coordenadora: *Tava muita bagunça, mesmo! Daquele jeito, ninguém consegue se ouvir, não?* Carlos tira sarro da voz dela e Lia fica brava. (C) aponta isso para ele: *Viu, Carlos, como fica difícil falar com você? Você já vai para a gozação...* Carlos: *Tá bom, Tá bom, eu vou parar.* Robson, impaciente com o colega: *Vamo ouvir, meu! Fica quieto!* (C): *Então, vocês acham que dá para ter uma oficina melhor hoje?* Júlio: *Vamos nessa!* Vítor: *Vamos, claro!* Lia concorda com a cabeça e diz: *Daquele jeito, ninguém consegue entender nada no meio da gritaria.* A conversa termina e o grupo pede para jogar o Can--Can, como estava na lousa (trecho Oficina 9).

Grupo 2: questionar, confrontar, diferenciar, inibir, reprovar, ignorar

Os procedimentos que integram esse grupo sustentam outro tipo de intervenção, pois nas situações já há o envolvimento do sujeito, porém falta a ele mais recursos para discriminar, questionar, atribuir valores diversificados à situação. Ele está envolvido, porém, aqui, o objetivo é que ele reflita, pense, posicione-se diante do fato. Por isso que dissemos anteriormente que eles consistem essencialmente em fortalecer as diferenciações do sujeito. Podemos dizer que as reações dos sujeitos se assemelham à "crença sugerida ou induzida". Isso porque, no primeiro caso, pode ocorrer de o adolescente refletir sobre o tema apenas por influência da pesquisadora, tentando corresponder à expectativa que ele crê ser a dela: o que já é um primeiro passo para que ocorra um envolvimento e comprometimento pessoal.

Ou, então, ainda dentro das situações que foram alvo de intervenção por esses procedimentos, também incluímos o que seria a "crença desencadeada": quando o adolescente se implica e posiciona pessoalmente diante do que lhe é colocado, tomando para si a responsabilidade parcial pelo que ocorre consigo e ou com o grupo.

> Quando a criança responde com reflexão, extraindo a resposta de seus próprios recursos [...] A crença desencadeada é influenciada necessariamente pelo interrogatório, [...] mas ela é contudo um produto original do pensamento da criança, pois nem o raciocínio feito pela criança para responder à questão, nem o conjunto dos conhecimentos anteriores que utiliza a criança durante sua reflexão são diretamente influenciados pelo experimentador. [...] ela é produto de um raciocínio feito sob comando, mas por meio de materiais [...] e instrumentos lógicos originais [...] (Piaget, 1947/2005, p. 17).

No primeiro exemplo, a seguir, observa-se uma situação de desrespeito através da linguagem usada com um colega. A intervenção da coordenadora visa a *diferenciar* com o adolescente a maneira como se expressara (agressiva e desrespeitosa) e a intenção (positiva, de ajudar a organizar o grupo para a tarefa). Ou seja, ela diferencia as atitudes, *reprovando* a primeira.

(C) diz que quer definir o dia do retorno em agosto, Carlos a auxilia espontaneamente: *Mano, vamos ficar quieto, vamos calar a boca para ouvir!* (C) agradece a ajuda, mas sugere que peça de outro jeito. (C): *Obrigada, Carlos, mas acho que você pode pedir de um jeito mais educado, não é?* Carlos ri, demonstrando que reconheceu o que ela disse. E fala: *Tá certo, Heloisa!* (trecho Oficina 10).

No próximo trecho, acompanhamos um movimento de diferentes tipos de intervenção. Num primeiro momento, a coordenadora buscou, inicialmente, *retomar* (Grupo 1) algo que havia sido combinado com o grupo, o que não parece surtir efeito imediato. Mais adiante, no final da mesma oficina, como não conseguiram cuidar do assunto, ela tenta envolver novamente o grupo com este tema, *confrontando-o* com a ambiguidade que percebia no pedido de incluir os próprios jogos, mas que fosse decidido pelas pesquisadoras.

> No começo da oficina, a coordenadora retoma o assunto da oficina anterior perguntando que jogos eles gostariam de levar, como fora proposto por Roberto. O grupo não se envolve com a questão, e ela não insiste, apenas observando o grupo. [...] No final da oficina, no momento de reflexão, Robson pergunta para a coordenadora como fica a questão dos jogos, o que eles vão levar. Os outros adolescentes não dão atenção ao que ele diz, dispersam-se. A coordenadora retoma o tema: *Pessoal, vocês querem trazer jogos, mas quando colocamos o assunto ninguém contribui... Parece que vocês ficam esperando a gente decidir, mas a sugestão foi de vocês!* O grupo fica um tempo em silêncio, e Roberto diz: *Eu tenho um jogo que eu ganhei de aniversário que posso trazer!* Robson fala: *Eu também trago um.* Então todos combinam que na próxima oficina quem quiser trará um jogo e todos decidirão junto com a coordenadora qual será utilizado (Trecho Oficina 5).

Com esse exemplo também fica evidente que, muitas vezes, verificamos a ocorrência articulada de procedimentos de intervenção que se relacionam a diferentes grupos, isto é, com propósitos complementares (no caso, Grupo 1 – retomar; e Grupo 2 – confrontar), e que as mudanças nas atitudes não ocorrem de forma imediata, mas levam um tempo de amadurecimento, seja para o grupo, seja para que o adulto (coordenador, professor) busque alternativas mais eficazes.

Grupo 3: *valorizar, implicar, incentivar, socializar, brincar, incluir*

Os procedimentos deste último grupo foram reunidos em função do intuito comum de, mais do que realizar diferenciações, promover integrações entre os diversos aspectos de uma realidade. Ou seja, não basta, em nosso entender, que nós sejamos capazes de perceber diferenças entre valores e atitudes – o que constitui o foco dos procedimentos do Grupo 2 –, mas que as possamos integrar numa compreensão mais ampla das relações humanas, até mesmo com o objetivo de regular antecipadamente situações futuras. Aqui, a intenção é ir além, atribuir valores e estabelecer novas relações entre os fatos. Por isso mesmo incluímos o procedimento "brincar", que, exprimindo uma dimensão lúdica com respeito e leveza, nos parece pressupor uma condição mais evoluída (mais eficiente, mais flexível, mais complexa) diante das situações da vida. Aqui, percebemos que as respostas dos adolescentes correspondem às mesmas "crenças desencadeadas" descritas anteriormente, ou às "crenças espontâneas" (estas se tratando de algo que o sujeito já possui com algum nível de consistência e elaboração dentro de si, já expressa um conhecimento ou uma característica que é sua).

O primeiro exemplo deste grupo de procedimentos mostra uma situação em que a coordenadora propõe uma reflexão com os adolescentes *retomando* (Grupo 1) o tema da auto-organização do grupo. Ela *destaca* (Grupo 1) e *valoriza* a evolução que havia notado em relação à oficina anterior e ao começo daquele dia e, indo além, busca *implicar* o grupo com a responsabilidade por sua manutenção em situações futuras. Vários adolescentes mostram-se mobilizados com a discussão.

A coordenadora diz: *Bom, pessoal, agora vamos sentar e conversar um pouco.* Estavam agitados, mas de uma forma positiva, pois continuavam envolvidos, comentando o jogo Imagem & Ação que haviam acabado de jogar. (C): *Então, o que vocês acharam: hoje deu para jogar melhor o jogo do que na oficina passada?* Carlos e Vítor concordam: *Acho que sim.* (C): *Eu também acho que vocês ficaram mais concentrados e se envolveram mais com o jogo. Vocês ficaram mais "dentro do jogo". Mas, no começo, ainda tinha bastante tumulto, né?* Todos se olham e riem, parecendo um pouco sem graça. A coordenadora continua: *E hoje tem menos pessoas, então tem aí um desafio a mais para a próxima oficina, com o grupo maior, não acham?* Vítor: *É, pessoal!* Amanda: *Vai ficar mais confuso, com mais gente falando...* Robson: *A gente precisa ficar mais ligado!* Vítor: *É, se a gente fizer menos bagunça, a gente pode jogar mais!* (Trecho Oficina 6).

O último trecho que iremos comentar mostra uma brincadeira de um dos adolescentes, Vítor, durante a explicação da coordenadora. Embora inicialmente ele estivesse perturbando, ela *brinca* com o fato e, com isso, consegue retomar a atividade, integrando o movimento de Vítor à continuidade da oficina.

A coordenadora chama a atenção de todos para a pauta na lousa, dizendo que haverá um terceiro momento de avaliação. Vítor fica tossindo, de propósito, cada vez que ela começa uma frase. (C) pergunta, em tom de brincadeira: *Que tosse curiosa, hein? Só aparece quando eu falo!* Os colegas riem e Vítor continua, brincando: *Han, Han, é mesmo, né?* E, depois de tossir mais um pouco, ele para, e todos ouvem a explicação sobre a atividade (Trecho Oficina 17).

IMPLICAÇÕES PEDAGÓGICAS

Para finalizar este capítulo, sintetizaremos algumas implicações dos temas tratados até aqui para o universo pedagógico, a título de inspiração para intervenções em outros contextos.

Jogo e grupo: uma díade a ser explorada

Junto às questões que nos colocamos no início, somos perseguidos no nosso fazer cotidiano por tantas outras, como: "De que forma motivar nossos alunos? Como tornar o conhecimento e a aprendizagem algo significativo, motivador para nossos alunos?". Esperamos ter podido contribuir de algum modo com uma possível resposta: o jogo vivido coletivamente cria um espaço que envolve afetivamente os participantes. Num momento em que, infelizmente, temos notícias de que nem as aulas de Educação Física são garantidas para tantos de nossos alunos, sabemos como é grande o desafio de incluir e valorizar o jogo na escola como um recurso que pode mobilizar aspectos complementares ao conhecimento! Ainda há muitos que somente o veem como distração, a ser usado nos momentos de recreio, intervalo, para relaxar entre as aulas e matérias, estas, sim, "importantes"... No entanto, o jogo impõe, a todo jogador, uma ordem lógica, uma atitude solidária, uma abertura ao novo e desconhecido de cada partida, o que é bastante semelhante, por exemplo, ao ato de ler: a imposição da lógica interna de cada gênero textual, a atitude solidária e aberta para com o texto, com os temas e as surpresas que irá gradativamente nos apresentar! Aprender a "ler" a estrutura do jogo, a "ler" cada partida, a "ler" o adversário, a "ler" a si próprio são realidades presentes nas situações lúdicas que podem auxiliar o professor a atingir, desafiar seus alunos de formas diversas daquelas dos conteúdos curriculares.

Como sabemos, a sala de aula é um espaço pressionado por muitas demandas, que vão muitas vezes além da dimensão pedagógica. Propor o uso de jogos seria aumentar tal sobrecarga? Entendemos que não. Entendemos que o jogo ajuda a promover a integração do grupo de alunos e é um instrumento precioso para que o professor conheça tais alunos por outros ângulos... Muitas vezes o aluno mais tímido e pouco participativo em aula se mostra um líder em situação de jogo; ou aquela aluna mais ativa e falante, que costuma liderar a turma, pode evidenciar dificuldades importantes para lidar com a derrota, por exemplo.

Neste capítulo, focamos alguns aspectos socioafetivos que estão presentes nos jogos, e, numa sala de aula, negligenciar tais aspectos e direcionar a ação do professor apenas para o conteúdo programático não corresponde às necessidades da nossa sociedade. Todos os que lidam com o processo de formação de outros indivíduos irão se deparar, em maior ou menor grau, com questões de relacionamento entre pessoas. Neste trabalho, apoiados em Piaget, vimos que considerar as características dos diferentes momentos do desenvolvimento humano (intelectuais e morais) é peça-chave para conduzir de forma mais adequada nossas intervenções, o que também é válido num trabalho com jogos. Como vimos, a reversibilidade operatória do pensamento é solidária ao desenvolvimento da reciprocidade nas relações, e isso é elemento central no jogo, podendo auxiliar nesta transição.

Professor e jogo: uma nova posição

Não é fácil trabalharmos com jogo também por outro motivo: nós nos expomos muito mais numa situação desta natureza. Quando o professor está numa posição tradicional, de domínio e transmissão de certo saber, está mais protegido por aquilo que efetivamente conhece, e o outro, o aluno, não. Num jogo, somos todos iguais, todos nos entristecemos com a derrota, nos chateamos quando somos menos hábeis do que esperávamos, ou nos empolgamos com nossas vitórias! Mas isso, essa horizontalidade, pode ser menos ameaçadora se o professor puder e quiser "aprender com" os alunos e não apenas "ensinar para" os alunos. Para isso, ele precisa se perceber como, também, incompleto, em construção, podendo errar e aprender com os erros: o que talvez possa aproximá-lo mais de seus alunos.

Nas análises que brevemente apresentamos, sobre alguns procedimentos usados por nós para intervir em situações de jogo, foi nosso objetivo ilustrar esta condição: de processo, de tentativas, sem certezas prévias. Outros na mesma posição certamente teriam agido de forma diferente, com resultados igualmente distintos. O que importa é cada um de nós, cada educador criar um modo de ser próprio, coerente, e o jogo pode nos ajudar, até mesmo, a nos conhecermos melhor. Habilidades desconhecidas e dificuldades antes pouco evidentes. Mostramos um processo vivo, de mão dupla, o qual, diante de outros adolescentes, teria tomado outros rumos...

Aqui é necessário fazer um alerta: trabalhar com jogos, diferente do que possa parecer, envolve um planejamento consistente, ainda que flexível. Para isso, o professor precisa conhecer o jogo: não de forma apenas cognitiva (suas características, as habilidades que ele requer), mas por inteiro, jogando, experimentando o jogo, antes de oferecê-lo a seus alunos. Portanto, precisamos gostar do jogo que iremos explorar em aula: que pode ser do mais simples ao mais complexo, mas desde que tenha sentido e traga satisfação para o professor, o que, mais uma vez, o colocará vivo e inteiro no seu fazer pedagógico, aproximando-o de seus alunos e, com isso, possivelmente favorecendo seu envolvimento com a proposta.

Jogo e cooperação: mantendo a chama acesa

Por fim, devemos nos colocar questões mais amplas: "É possível ensinar a cooperação?". "E os jogos, que envolvem necessariamente uma dimensão competitiva, podem ser úteis nessa tarefa?" Entendemos que, sim, é possível, porém não como uma instrução ou transmissão de um conteúdo que será definitivamente aprendido e incorporado pelo indivíduo. É possível e, mais ainda, necessário, uma vez que a cooperação não se constitui como algo inato, predeterminado nos indivíduos, mas envolve uma construção. E os jogos, por sua característica sempre incompleta (é sempre jogar uma nova partida, pois um jogo e, portanto, as possibilidades de se aprender sobre ele nunca se esgotam), constituem ferramentas únicas.

Discursos sobre a cooperação não têm o mesmo efeito do que poder verificar, em situações práticas como nos jogos vividos coletivamente, o valor que ela agrega às relações: quem de nós gostaria de jogar (se relacionar) com alguém que trapaceia, que despreza as regras comuns num jogo? Quem de nós, caso buscasse vencer desviando de tais regras, permaneceria sendo aceito facilmente pelos outros? A reflexão e a compreensão do sentido da cooperação para as relações democráticas e solidárias, para não permanecerem num discurso vazio, devem acompanhar a ação, a experiência, e o professor, numa sala de aula, pode ter no jogo um grande aliado, um instrumento mediador poderoso.

Concluindo, neste trabalho buscamos iluminar o tema atual e necessário da construção de relações cooperativas através do uso de jogos em contextos coletivos. Analisamos atitudes que desejamos despertar em nossos alunos, por serem favoráveis a essa construção, e, principalmente, buscamos contribuir para a difícil tarefa de avaliação do fazer pedagógico. Esperamos, por fim, mobilizar e envolver outros educadores nesta direção, até porque o conhecimento em si mesmo só se expande com base não em um desejo meramente pessoal, embora fundamental, mas em uma relação de cooperação entre os indivíduos.

REFERÊNCIAS BIBLIOGRÁFICAS

DELVAL, J. *Introdução à prática do método clínico;* descobrindo o pensamento das crianças. Trad. Fátima Murad. Porto Alegre: Artmed, 2002.

GARCIA, H. H. G. de O. *Adolescentes em grupo;* aprendendo a cooperar em oficina de jogos. Tese de doutorado apresentada no Instituto de Psicologia da Universidade de São Paulo. São Paulo, 2010. 275f.

_____; MACEDO, L. Pesquisas com jogos: relações entre inteligência–afetividade e ensino-aprendizagem. In: MACEDO, L. (org.). *Jogo, psicologia e educação;* teoria e pesquisas. São Paulo: Casa do Psicólogo, 2009.

INHELDER, B.; PIAGET, J. *Da lógica da criança à lógica do adolescente.* Trad. Dante Moreira Leite. São Paulo: Editora Pioneira, 1970/1976.

KAMII, C.; DEVRIES, R. *Os jogos em grupo da educação infantil;* implicações da teoria de Piaget. Prefácio de Jean Piaget. São Paulo: Trajetória Cultural, 1991.

MACEDO, L. Método clínico de Piaget e avaliação escolar. In: MACEDO, Lino de. *Ensaios construtivistas.* 5. ed. São Paulo: Casa do Psicólogo, 2002.

_____ (org.) *Jogo, psicologia e educação;* teoria e pesquisas. São Paulo: Casa do Psicólogo, 2009.

MONTANGERO, J.; MAURICE-NAVILLE, D. *Piaget ou a inteligência em evolução.* Porto Alegre: Artmed, 1998.

PIAGET, J. *A equilibração das estruturas cognitivas;* problema central do desenvolvimento. Rio de Janeiro: Zahar, 1975/1976.

_____. *A formação do símbolo na criança.* 3. ed. Rio de Janeiro: LTC, 1945/2010.

_____. As operações lógicas e a vida social. In: *Estudos sociológicos.* Rio de Janeiro: Companhia Editora Forense, 1965/1973.

_____. *O juízo moral na criança.* São Paulo: Summus, 1932/1994.

_____. Observações psicológicas sobre o trabalho em grupos. In: *Sobre a pedagogia;* textos inéditos. São Paulo: Casa do Psicólogo, 1935/1998.

_____. *Para onde vai a educação?* 14. ed. Rio de Janeiro: José Olympio, 1972/1998.

_____. Problemas e métodos. In: *A representação do mundo na criança.* Aparecida: Ideias & Letras, 1947/2005.

_____. *Seis estudos de psicologia.* 24. ed. Rio de Janeiro: Forense Universitária, 1964/2003.

TORRES, M. Z. *Processos de desenvolvimento e aprendizagem de adolescentes em oficinas de jogos.* Tese de doutorado apresentada no Instituto de Psicologia da Universidade de São Paulo. São Paulo, 2001.

4. Família, filhos e consumo, relação equilibrada?

*Maria A. Belintane Fermiano**

NOVOS TEMPOS, NOVOS COMPORTAMENTOS

O comportamento das pessoas tem se modificado devido às transformações econômicas, tecnológicas, sociais e políticas provocadas pela globalização. Observa-se que rápidas mudanças ocorrem nos hábitos e comportamentos culturais, familiares e de consumo, precarizando as relações sociais, tornando-as líquidas.

Tais transformações são observadas na família, nas crianças, nos jovens e, em especial, nos pré-adolescentes. Desde a Segunda Guerra Mundial, com a inserção de mulheres e jovens no mercado de trabalho, a fim de substituírem a mão de obra do homem que estava lutando nas trincheiras, nota--se que crianças e jovens vêm adquirindo poder financeiro em percentuais significativos, a ponto de chamar a atenção das indústrias sobre o poder de compra dessa faixa etária. Segundo estudo de McNeal (1992), na década de 1960, essa geração gastava dois bilhões de dólares por ano; na década de 1980, passou a seis bilhões, só nos Estados Unidos.

---

* Possui vinte e cinco anos de experiência nos diversos níveis do ensino público. Doutora na área de Educação, Psicologia e Desenvolvimento Humano pela Universidade de Campinas. Professora do curso de Pedagogia, membro do Grupo de Estudos Educação Econômica LPG/FE/Unicamp. Sua paixão é estudar como pais e filhos lidam com o consumo e o dinheiro e elaborar propostas pedagógicas para intervenções construtivas. Blog: <http://mariabelintane.blogspot.com.br/>. E-mail: <maria.belintane@gmail.com>.

As primeiras informações que as crianças recebem do mundo vêm do seio familiar. Mas, como as famílias vêm apresentando novos hábitos e comportamentos na sua estruturação, no consumo, na administração da vida doméstica, na administração do dinheiro, na utilização de crédito, nas compras que realiza, consequentemente as crianças passam por um processo de socialização muito diferente daqueles que seus próprios pais passaram.

O processo de socialização do consumidor infantil começa com seus próprios familiares, desde a mais tenra idade, quando acompanham seus pais nas compras em supermercados e lojas; posteriormente, observa-se a influência dos colegas e da mídia nos hábitos de compra desses pequenos consumidores.

Essas crianças e jovens estão nas salas de aula com comportamento, observações, gostos, parecendo "diferentes" das crianças e jovens que fomos faz algum tempo. Adquirem, rapidamente, habilidades para lidar com as novas tecnologias, auxiliando adultos no manuseio de computadores e outros aparelhos eletrônicos. Assim como seus pedidos de presentes são muito voltados para aquisição de eletrônicos. Eles estão mais do que nunca expostos a um sem-número de informações que solicitam comportamento ávido de consumo e parecem demonstrar que não possuem estratégias de ação e reação para lidar com tais abordagens. Além disso, têm independência financeira que os faz autônomos quanto às suas compras; são influenciados pelos amigos; trocam informações na escola e na rua. O acesso à televisão acirra ainda mais essa enxurrada de informações num ritmo vertiginoso.

A velocidade exigida para os comportamentos e para as relações não favorece a tomada de consciência, seja consigo mesmo, seja com os outros, em relação às exigências que o contexto impõe. As consequências podem ser observadas pelos comportamentos inadequados ou pouco racionais que se têm manifestado, principalmente quanto ao consumo.

O processo de compreensão das normas e conhecimentos sociais, que ocorre com todas as pessoas, crianças e jovens, auxilia-as a organizar internamente um modelo que explica a realidade, caracterizado por sistemas simbólicos, por significados e significantes, proporcionados pelas oportunidades de interação com o meio. O contexto econômico influencia as relações entre as pessoas e requer delas a construção de uma visão sistêmica do modelo econômico e social, no qual estão inseridas.

As mudanças provocadas pela globalização são observadas nas relações sociais e nas novas necessidades humanas, estas são mediadas por simbolismos que podem provocar desejos e consumo manipulados pelas estratégias de marketing. Os novos símbolos criados passam a ser constituidores da identidade de crianças, pré-adolescentes e jovens. Não se sabe, ainda, as consequências deste perfil para as próximas gerações.

As preocupações da infância atual são diferentes das da infância de gerações anteriores, o que torna as crianças possuidoras de características cognitivas que não são as mesmas descritas nos livros de psicologia. Pode ser que se esteja diante de um problema intercultural.

A família, por sua vez, também não é mais a mesma, e o Instituto Brasileiro de Geografia e Estatística (IBGE) possui dados estatísticos nacionais nos quais se observa que a família é constituída de pessoas diversificadas, reagrupadas de outros relacionamentos hetero ou homossexuais. A ausência de um dos pais é frequente em quase metade dos domicílios, os avós e tios assumem papéis mais presentes, criando os netos/sobrinhos. As famílias estão se reagrupando de maneira diferente, reflexo de como pensam, do contexto político, tecnológico, econômico.

A sociedade moderna estabelece uma relação com o consumo muito diferente de cinquenta ou cem anos atrás. Observa-se que vários temas estão relacionados com consumo:

identidade, representação, o individual e o coletivo, relações de poder e controle, papel do Estado e outros. Há uma cultura do consumo, que favorece o materialismo, a perda de valores e busca de identidade forjada por padrões "sugeridos" pelas propagandas e outros recursos de convencimento. Essa cultura é, então, estudada sociologicamente dada sua importância na cultura ocidental.

Consumo é uma área de estudos que, de acordo com Barbosa (2007), tem, recentemente, ocupado um relevante lugar nas ciências sociais e nos estudos históricos, tanto na Europa quanto nos Estados Unidos. E no Brasil nenhum pesquisador, até 2000, havia se dedicado a estudar o consumo, a sociedade de consumo e outras linhas relacionadas com o tema.

Barbosa (2007, p. 23) aponta que, nos últimos vinte anos, "as ciências sociais passaram a tratar os processos de reprodução social e construção de subjetividades e identidades quase como 'sinônimos de consumo', o que suscita perguntas e respostas relevantes". Segundo Barbosa (2007, p. 26), o consumo envolve formas de provisão, além da compra e venda de mercadorias como, por exemplo, os serviços de consumo coletivo proporcionados pelo Estado. No universo familiar também se consome amor, afetividade etc. Isso ocorre não somente com a produção de bens, existe uma necessidade afetiva, interior, que necessita ser satisfeita no seio das relações sociais, caracterizada pelo relacionamento entre as pessoas. O termo "consumo" extrapola as definições econômicas, pois assim, na sociedade contemporânea, consumo é ao mesmo tempo um processo social que diz respeito a múltiplas formas de provisão de bens e serviços e a diferentes formas de acesso a esses mesmos bens e serviços; um mecanismo social percebido pelas ciências sociais como produtor de sentido e de identidades, independentemente da aquisição de um bem; uma estratégia utilizada no cotidiano pelos mais diferentes grupos sociais para definir diversas situações em termos de direitos, estilo de vida e identidades; e uma categoria central na definição da sociedade contemporânea.

O consumo é considerado como um processo social que possui uma dimensão ideológica e prática, por fazer parte de nosso cotidiano e provocar a definição de comportamentos, valores, regulando relações sociais. Ele é construção da sociedade moderna e está ligado à ideia de Modernidade, o que pressupõe que haja um sujeito moderno. Historicamente, o consumismo avança de acordo com o desenvolvimento do capitalismo, e se aprimoram as maneiras de se produzir e vender bens (Slater, 1997/2002, Douglas; Isherwood, 2006).

A sociedade moderna se caracteriza como sendo de consumo. Nela o consumo biológico e universal é substituído por necessidades satisfeitas por cartões de crédito, o que favorece sua organização por valores que são derivados ou inventados por uma cultura de consumo. Esses aspectos abrem espaços para a interpretação de que o consumo é um "sistema de significações" e tem um caráter simbólico, no qual as necessidades e desejos são manipulados por uma cultura de massa que estabelece um elo entre a vida das pessoas e o produto. Como ser social, o homem necessita de bens para se relacionar com os outros e entender o que se passa à sua volta, no entanto a satisfação de seus interesses pessoais passa bem longe do conceito da suposta racionalidade (Slater, 1997/2002. Douglas; Isherwood, 2006).

O conceito de consumo muda de conotação ou de significado de acordo com os períodos históricos, cujas concepções econômicas, principalmente, lhe atribuem significados e acabam por orientar o comportamento das pessoas.

Slater (1997/2002, p. 131-132) explica que toda forma de consumo é de natureza social e cultural porque envolve um significado partilhado por um grupo, ou mesmo ao nível de preferências individuais, sendo baseado na "língua, valores, rituais, hábitos, etc. [...] É através de formas de consumo culturalmente específicas que produzimos e reproduzimos culturas, relações sociais e, na verdade, a sociedade". Quando os códigos de consumo são conhecidos de uma determinada cultura, há reprodução e participação social, o que contribui, também, para a formação de uma identidade. "O aspecto significativo e cultural do consumo passa a predominar e as pessoas passam a se preocupar mais com o significado dos bens e seu uso funcional" após suas necessidades serem satisfeitas. Os sistemas de consumo acabam por organizar um universo moral, uma vez que possuir ou não determinado bem pode significar o reconhecimento de um *status* social mais elevado ou sua exclusão social.

Para exemplificar, o leitor poderá observar o seguinte exemplo na manchete atual do Quadro 1.

Quadro 1 – Reportagem Bolsa Família

BOLSA FAMÍLIA

"Beneficiários usam recurso para comprar roupas e eletrônicos"

Tocadores de música MP4, celulares, aparelhos de DVD e brinquedos. Esses são alguns dos artigos adquiridos por famílias em situação de pobreza (R$ 60) ou de extrema pobreza (R$ 120) beneficiadas pelo maior programa de transferência de renda direta do País, o Bolsa Família, em cidades da RMC (Região Metropolitana de Campinas). Jornal Todo Dia, 31 dez. 2008.

A reportagem traz o fato de famílias utilizarem o benefício na compra de itens que não são o objetivo considerado pelo programa. No exemplo, pressupõe-se que o estímulo econômico (o recurso do Bolsa Família) seja direcionado para o consumo de bens de primeira necessidade, no entanto, o benefício não é utilizado como esperado, pois é "desviado" para a satisfação de outros "desejos" ou "necessidades". Observa-se que tanto a primeira situação, consumo de bens de primeira necessidade, como a segunda, consumo de eletrônicos e roupas, contribuem para a movimentação de diferentes setores da economia.

O assunto poderia se embrenhar pela utilização de juízos de valor que expressariam a indignação sobre essas mães e pais que não priorizam uma boa alimentação aos filhos com o benefício recebido, ou qualquer outra discussão, aparentemente lógica, sob determinado ponto de vista.

No entanto, a reflexão sobre o assunto, considerando o contexto atual, o comportamento econômico e de consumo das famílias, a formação da identidade e a sociedade de consumo e consumista, possibilita a elaboração dos seguintes questionamentos: O que leva essas pessoas a valorizarem esses itens de compra? Como esses objetos de compra figuram na lista de outras tantas pessoas, pode-se perguntar: O que leva pessoas a valorizarem tais objetos?

Pode-se prosseguir o raciocínio: O que poderia ser considerado como essencial? Essencial para quem? Como é determinado o valor de uso ou de compra de algo? Como pode ser avaliado o desejo e o poder de compra? Como o desejo de possuir um determinado objeto surge? Como um mesmo desejo pode atingir, simultaneamente, pessoas de diferentes segmentos sociais?

Desse modo, o tema "consumo" tem sido objeto de estudo nas mais diferentes disciplinas: sociologia, economia, psicologia, psiquiatria, e é espantosa a profusão de pesquisas que, além de retratarem o perfil de consumidores, caracterizam diversas abordagens sobre o assunto, elaboram um retrospecto de produções na área, detectam comportamento compulsivo e outras tantas especificidades. Nelas é possível identificar a nós próprios e a outros que estão em nosso círculo de relacionamento; reconhecer como os atos consumistas são previsíveis; o despreparo para pensar sobre a avalanche de informações recebidas; ter discernimento para avaliá-las;

melhorar as tomadas de decisão. Percebe-se, então, que esse processo avaliativo sobre os hábitos de consumo demanda tempo de reflexão que, no cotidiano da vida, parece ter um espaço cada vez mais diminuto. Dittmar (2008, p. 1) explica que

> você só precisa olhar, ouvir pessoas a seu redor, particularmente crianças e adolescentes, para entender que a cultura do consumidor tem um poderoso impacto psicológico. [...] Ter as coisas "certas" tornou-se vital, não tanto por causa dos bens materiais por eles mesmos, mas pelos benefícios psicológicos esperados deles: popularidade, identidade e felicidade.

Como exemplo, é necessário citar a pesquisa da Nickelodeon (2007) sobre "Relação das crianças com a tecnologia: playground digital", com sete mil crianças, de oito a quatorze anos, em doze países, incluindo o Brasil, caracterizando-as dentro das condições impostas pela atual conjuntura econômica, ou seja, da globalização. Notou-se um panorama preocupante em relação ao comportamento que crianças, pré-adolescentes e adolescentes estão desenvolvendo por meio da utilização da tecnologia. "Ter" e "ser" tornaram-se sinônimos e imprescindíveis para manter-se como sujeito reconhecido no meio em que vive, por isso mesmo, aceito socialmente. A inferência dessa ideia é provocada na análise das respostas que as crianças dão quando perguntadas sobre "o papel que tem na minha vida" acessar a internet; ter um MSN; participar de um site de relacionamento; ter um celular, e as respostas serem: não vivo sem; é meu melhor amigo; eu me identifico; é meu parceiro.

Para Dittmar (2008, p. 8-9), a identidade pode ser definida como "o conceito subjetivo (ou representação) que a pessoa tem de si mesmo". Há dois domínios da identidade, o material e o corporal. "Ambos estão altamente perfilados na cultura do consumidor", veiculados como padrões de "estilo de vida" e o "ideal do corpo perfeito", internalizados pelos indivíduos e associados a valores.

As identidades e representações sociais são desenvolvidas na convivência familiar e coletiva, demonstrando importância da influência do meio nas trocas sociais e na maneira que tanto a criança como o adulto concebem e organizam internamente o mundo. Compreender o que se passa nessas relações, de modo a perceber o que acontece com o adulto, a criança e o jovem, é um desafio.

Hall (2005) e Bauman (2005) são autores que têm escrito belíssimos textos sobre identidade e as sociedades modernas. O momento histórico demonstra que as tradições sociais, culturais, e de ordem, assim como a organização do Estado e da Nação, sofrem alterações significativas. Os conceitos que os regem estão mudando porque as relações sociais, econômicas, políticas, éticas, familiares, e tantas outras, que se estabelecem são outras. Assim como a noção de "pertencimento" e "identidade" "não tem a solidez de uma rocha" nem é para a vida toda, pois que passa por constantes negociações e é revogada de acordo com "as decisões que o próprio indivíduo toma, os caminhos que percorre, a maneira como age – e a determinação de se manter firme a tudo isso – são fatores cruciais tanto para o 'pertencimento' quanto para a 'identidade'". As múltiplas identidades que uma pessoa assume em sua vida pertencem a inúmeras comunidades: família, escola, amigos, trabalho, igreja, clube, e outras, podem ser um exemplo dessa relativização identitária.

O sujeito está assumindo várias identidades e fragmentando-se, sendo deslocado de seu ponto de referência, isto é, sua relação com o mundo está se alterando e, ao mesmo tempo, as relações que se estabelecem no mundo provocam uma alteração individual e coletiva, o que gera conflitos, dissoluções e associações. As teorias sociais e as ciências humanas, segundo Hall (2005), têm-se esforçado para explicar o impacto que a Modernidade tem no sujeito, o que possibilita compreender melhor as relações sociais atuais que se dão no mundo Pós-Moderno.

Os sistemas de representação influenciam na formação das identidades. "A representação inclui práticas de significação e os sistemas simbólicos por meio dos quais os significados são produzidos, posicionando-nos como sujeitos" e pode ser compreendida como um processo cultural. Pode-se dizer que as estratégias de marketing constroem novas identidades, assim como a influência de telenovelas e seriados televisivos não pode ter sua capacidade de influência semiótica minimizada. Essa globalização de informações influencia a formação de identidades, e a homogeneidade cultural promovida "pode levar ao distanciamento da identidade relativamente à comunidade e à cultura local". O consumo pode ser estudado na influência que provoca nas pessoas, pois os significados que permitem dar sentido às coisas, às experiências e à fala, são formados independentes da vontade do indivíduo, fazem parte de um processo cultural, isto é, a própria representação que cria lugares para que ele fale (Woodward, 2000, p. 17, 21).

O homem é um habitante do líquido mundo moderno, aponta Bauman (2005), pois as referências e identidades são construídas em movimento, buscando grupos, procurando contatos, falando ao celular e, ao mesmo tempo, desconectados do que acontece à volta, já que se está conectado aos fones de ouvido. Todos têm a mesma necessidade de ser vistos e ouvidos. O "lugar" concreto e de pertencimento vai desaparecendo, surgindo o "espaço", que pode ser singrado a qualquer momento e por todos (Hall, 2005, p. 67-68).

Enquanto globalizada, a identidade se distancia de si mesma, de sua cultura local e comunidade. A identidade que se passa nos apelos das propagandas para crianças e jovens é: "você não pode ficar sem essa coleção", "essa turma vai fazer com que você se divirta muito", "agora comer virou brincadeira", e junto com essas propagandas, respectivamente, vêm revista *Recreio*, refrigerante Schin, lanches McDonald's. O consumo é um meio de externar a identidade e se agregar a grupos que compartilhem, globalmente, os mesmos interesses. E ainda: o ritmo que o mundo globalizado estabelece altera os conceitos sobre o tempo. Por exemplo: um minuto na frente de uma internet que não se conecta é um verdadeiro suplício, e pensar que há cinquenta anos um telefonema demorava horas para ser efetuado! Tal globalização altera fatores culturais e econômicos e, por consequência, novas identidades são produzidas, porque os padrões de consumo e produção também são alterados.

A relação pais, filhos e escola também mudou. Os conflitos que são travados com crianças e jovens dentro de casa e na escola são perturbadores para os adultos. Alguns desses conflitos podem ser descritos como a dificuldade em fazer com que eles parem de assistir à televisão e jogar *videogame*, que prestem atenção na aula e deixem seus Mp3 de lado, que não utilizem o celular em sala de aula, que façam a lição de casa. Os eletrônicos passam a ser uma extensão do corpo, pelo menos esse comportamento é confirmado pela pesquisa que a revista *Veja* realizou, em 2009, em uma enquete com pais e jovens de treze a dezenove anos, identificando hábitos e comportamentos dos últimos. As conversas informais que se ouvem de pais e professores sobre crianças e jovens são muito semelhantes, e todos ficam surpresos com a capacidade que seus filhos e alunos têm no manuseio de tecnologia e como sabem falar a respeito disso. A mesma pesquisa confirma "essa fala comum", pois 87% dos pais ouvem a opinião dos filhos no momento da compra dos aparelhos eletrônicos da casa (Buchalla, 2009, p. 84, 93).

É, no mínimo, confuso o que está acontecendo. Parece que não se dispõe de estratégias de ação e conhecimento para coordenar as informações que circulam diariamente entre essas crianças e jovens. O termo "globalização", que acaba por absorver a responsabilidade da fluidez do tempo, que passa rápido demais e não se consegue alcançar, não é o único fator a ser considerado, faz-se necessário apontar algumas questões sobre consumo no processo de globalização, procurando compreender alguns comportamentos e refletir, como pais e professores, para melhor encaminhar ações com filhos, alunos, ou consigo mesmos. Os pré-adolescentes fazem solicitações com muita frequência, às vezes são coisas de criança, às vezes são coisas de "gente grande", e o comportamento flutua entre um limite e outro, e fica a dúvida se eles se identificam com aquilo que querem ter ou tentam ser aquilo que têm! Essa situação desorienta o adulto, pois, com essa idade, seu universo era muito diferente.

Parece que nos avanços e atropelos do dia a dia há um distanciamento de relações humanas, um esfriamento da compreensão do outro, mesmo que esse outro seja um filho ou um aluno. Uma profusão de coisas acontece ao derredor, novos conceitos e habilidades tecnológicas, os quais nem sempre se consegue compreender. Eles invadem diariamente o cotidiano e os pensamentos, o que pode ocasionar um sentimento de não pertencimento. Há situações nas quais os pré-adolescentes parecem manipular com seus desejos de compra, e são, muitas vezes, tratados como adultos em miniatura, principalmente nas compras de artigos e serviços, como os de beleza, que fazem da criança, por exemplo, um miniadulto, e os pais se encantam com tanta maturidade, afinal seus filhos estão ficando "gente grande"! Existe um "consenso" de pensamento, a criança quer ser adulto e o adulto concorda em tratá-la como tal.

Sendo assim, é na escola que vislumbro o espaço para a articulação de conhecimentos, mesmo os relacionados à economia num mundo globalizado, que rompe com os ritmos com os quais se estava acostumado. Ela, a escola, constitui o local para discutir o significado da escassez cotidiana e planetária; a avaliação do custo-benefício de necessidades criadas por uma publicidade não sustentável e que entorpece o poder de decisão; consumo e renda; o controle sobre os gastos e planejamento financeiro; os direitos e deveres do consumidor; mercado e trabalho; oferta e demanda; a compreensão de funcionamento de bancos; a doação e generosidade como valores, entre outros.

Denegri (2006, p. 347) explica que as mudanças ocorridas na sociedade "geram nichos de ignorância", sendo necessário "organizar novos programas de alfabetização, que respondam ao replanejamento do papel da educação: formar cidadãos para sociedades globalizadas nas quais o conhecimento ocupa um lugar central". A *educação econômica* pode contribuir para preencher as lacunas de conhecimentos e iniciar uma alfabetização econômica como forma de inclusão social.

O processo de aprendizagem, no qual as crianças convivem ao longo de sua infância e mesmo adolescência, é fundamental para delinear o comportamento enquanto consumidor e para o estabelecimento de estratégias, de regras, de valores e de práticas de consumo. A vulnerabilidade das crianças ao bombardeio midiático e às solicitações do mundo globalizado pressupõe a necessidade de uma alfabetização econômica que pode proporcionar condições de construção de competências, conhecimentos e destrezas; modificar padrões de comportamento com a ressignificação de atitudes e valores.

As tendências da globalização são rapidamente incorporadas pelas famílias, escola, amigos e outras redes de socialização, sem a devida reflexão de suas consequências para a vida das pessoas.

A socialização econômica é um processo de aprendizagem de regras, valores, condutas e interação com o mundo econômico. Ela ocorre com a intervenção de mediadores sociais, a família, a escola, os pares, a mídia.

EDUCAÇÃO ECONÔMICA, CAMINHO PARA O EQUILÍBRIO

A sedução de um mundo que se abre para um sem-número de possibilidades de roupas, de diversão, de tecnologia, de alimentos, de desenhos e filmes, de música e outras, é impressionante e rápida, rompendo com o tempo necessário para a tomada de consciência do homem sobre si mesmo e o que está à sua volta. Não há compreensão do processo que gera tais possibilidades que, simplesmente, se estabelecem como uma opção de vida. Parece que as pessoas assumem os modos de vida como se eles fossem fruto de suas decisões. Em outras palavras, as pessoas são conduzidas a uma série de comportamentos: a querer, a consumir, a trocar, a ver, a pensar sob tal ou qual ponto de vista, sob o risco de ficar isolado.

Diante de tanta multiplicidade de ofertas para ser e ter, proporcionadas principalmente pela mídia, observa-se que o indivíduo tem pouca participação na construção de valores como um sujeito ativo num processo de cooperação e reciprocidade mútuas. Numa outra perspectiva de análise, a economia de uma sociedade também direciona os comportamentos, aliás, pode ser considerada como sua coluna vertebral, porque dela derivam relações de produção, de poder, entre diferentes segmentos sociais, de distribuição de renda, de políticas públicas, que afetam diretamente o modo de vida local e mundial. Nota-se, por exemplo, um crescente interesse do mercado nas classes socioeconômicas C, D, E, com oferecimento de produtos criados e direcionados para suas características e poder aquisitivo. Novos padrões identitários são criados para satisfazer a necessidade de ser e pertencer. Assim, o ser humano age economicamente para se adaptar ao mundo.

Viabilizar um ambiente solicitador é papel da família, da escola, da igreja, das instituições e de toda uma sociedade.

Mas especificamente da escola, que deve, ao mesmo tempo, favorecer informações sobre a diversidade e também ser a bússola que orienta o caminho. Parece ser imprescindível reorganizar tanto os saberes que a escola acredita que deve trabalhar como aqueles que já trabalha.

Apostamos numa *educação econômica* que trata tanto da formação financeira quanto a de consumidora desde a educação infantil, que possibilite a construção de valores e a autorregulação do comportamento para a formação do cidadão educado economicamente e consumidor consciente.

Uma educação construtivista pode ter como aliada uma metodologia de projetos, de estudo do meio e de outras que atendam o princípio do fazer e compreender. Essas indicações foram selecionadas porque os alunos são solicitados a explorar o cotidiano para utilização do conhecimento; buscar autonomamente diferentes fontes de informação como a família, grupos sociais e outras instituições; participar do planejamento em cada fase de sua execução; apresentar ideias prévias como o ponto de partida para os estudos; comparar, observar, elaborar resumos e críticas, buscar comprovar suposições e hipóteses, imaginar, obter e organizar dados, tomar decisão, avaliar e autoavaliar; apresentar os resultados das pesquisas à comunidade escolar e extraescolar e defender seus pontos de vista. Nesse contexto, o processo de avaliação ocorre, então, de modo permanente e contínuo na averiguação dos objetivos alcançados e a alcançar, assim como outros que, porventura, surgirem ao longo do caminho. O professor é o mediador e interventor desse processo, proporcionando ferramentas, oportunidades, motivação, que tenham em conta o interesse dos alunos, as características do meio e suas potencialidades, que serão a base de seu trabalho em uma aula investigativa. Todo esse processo solicita do professor sua contínua autoavaliação, auxiliando-o a se preparar para os desafios que uma educação com tais características exige

(Raths, 1977. Mantovani de Assis, 1976, 1989. Denegri, 2000, 2003, 2006).

O programa de *educação econômica* deve incorporar, pelo menos, três variáveis que interatuam no comportamento econômico: as decisões econômicas, os conceitos econômicos, as metas de comportamento. Isso se traduz operacionalmente em "alfabetização econômica", significando o conjunto de competências, atitudes e valores que permitem a uma pessoa interpretar e agir no mundo econômico, favorecendo sua qualidade de vida. A *educação econômica* pode ser um tema transversal dentro de vários ciclos da educação básica e que deve estar o mais próxima possível das características e possibilidades do entorno. A educação para o consumo faz parte desse processo porque pode contribuir para que os alunos se situem na sociedade de consumo de forma consciente, responsável, crítica e solidária, capacitando-os para selecionar as informações que recebem, "compreender e situar os fenômenos derivados do consumo, a publicidade e o marketing, valorizando a importância da associação com outros consumidores para defender seus direitos". (Denegri, 2006, p. 348; 2003, p. 275).

Dentre os principais objetivos para uma *educação econômica* citamos:

1. Iniciar o letramento quanto às mensagens persuasivas veiculadas pelas propagandas e meios de comunicação de massa e desenvolver destrezas para saber agir diante de tais apelos.

2. Identificar estilos e hábitos de consumo e estratégias de uso de dinheiro.

3. Compreender o impacto da mídia, as estratégias de marketing, o cotidiano econômico na formação da identidade, nos relacionamentos, nos procedimentos de utilização do dinheiro.

4. Participar de ações de conscientização e luta pelos direitos do consumidor e do meio ambiente.

Convém explicar a importância da utilização da metodologia de projetos para uma educação construtivista. Os projetos são uma investigação executada pelas crianças e favorecem a troca e a cooperação entre pares, além de considerarem o sistema de significações delas, proporcionando situações para que ele se amplie. Os desequilíbrios favorecem a ampliação do sistema de significações e são desencadeados por questões elaboradas pelo desejo de querer compreender. Encontra-se, aí, a energética que mobiliza a construção de novos conhecimentos e torna significativo o fazer e, por consequência, o compreender, que se estende para outras ações e conhecimentos.

Para que esse processo ocorra, a metodologia de projetos é organizada em etapas. Tais etapas consistem:

- na *escolha do tema* com os alunos e na *elaboração do mapa conceitual* ou ideias prévias que tenham sobre o tema escolhido. Tais ideias dão origem a outros assuntos relacionados ao tema, proporcionando uma rede de comunicação. Por exemplo: "consumo" pode estar relacionado a água, a dinheiro, a reciclagem, a obesidade. Para cada assunto é possível fazer o *levantamento das certezas provisórias* antes de iniciar a pesquisa, das *hipóteses* que o assunto suscita e *das certezas comprovadas*, obtidas por meio da análise e comparação dos dados da futura pesquisa a ser realizada;

- na *justificativa* do projeto, que é elaborada pela discussão da pertinência do tema e o que pode representar para o aprofundamento dos estudos da classe;

- nos *objetivos gerais e específicos*, cuja definição pelas crianças auxilia a estabelecer metas que podem ser cumpridas a curto e médio prazo e a compreender os motivos mais amplos e os mais específicos do estudo do tema e/ou assuntos, assim como valer-se de critérios para excluir aqueles que não sejam interessantes (objetivos ou assuntos), ou que não sejam viáveis para sua execução;

- no *desenvolvimento* das ações que devem ser previamente *planejadas*. O desenvolvimento pressupõe três subetapas:

  – o *planejamento* de ações e pesquisas tanto *individuais* quanto *coletivas* envolve a definição de estratégias, tais como atividades de estudo do meio, experiências com objetos, elaboração e/ou confecção de produtos e investigação de sua procedência, entrevistas, coletas de materiais, organização de seminários, determinação de recursos materiais, definição de cronograma e organização de portfólios;

  – a *execução* das atividades pressupõe a realização daquelas que dizem respeito à etapa de planejamento e pesquisa, assim como as de avaliação;

  – a *definição das áreas* (português, matemática, história, geografia, ciências, arte, educação física e temas transversais) *e dos conteúdos* é ponderada pelo professor para que a interdisciplinaridade e transversalidade sejam contempladas no decorrer da execução do projeto, conforme os PCN's (Brasil, 1997).

- no *processo de avaliação*, que tem, também, três subetapas:

  – a *inicial*, expressa pela escolha do tema e justificativa;

  – a *processual*, que engloba os objetivos, o desenvolvimento (etapas da pesquisa, planejamento e execução das atividades); e

  – a *final*, que pode ser organizada por meio de campanhas de conscientização e de portfólios com divulgação dos resultados para a comunidade escolar e outras comunidades. Esta etapa envolve a reflexão individual e da classe sobre todo o processo do projeto para verificar se os objetivos foram alcançados. Deve, também, proporcionar espaço para que outras pessoas avaliem os resultados. O produto final, seja um portfólio, uma campanha de conscientização, uma exposição, um seminário, é uma avaliação.

Estratégias de planejamento, tomada de decisão e resolução de problemas, proporcionadas nesse contexto, mostram-se profícuas, podem ser utilizadas em outras situações e conhecimentos, solicitando a capacidade de raciocinar dos envolvidos em qualquer âmbito que vivenciem, pois são estratégias intelectuais. Desse modo, é viável a apresentação de sugestões organizadas em forma de projetos. Em outras palavras, é a prática mediada pelo suporte teórico já discutido e pelo papel insubstituível do professor que transforma o conhecimento em uma aprendizagem significativa e operativa.

A seguir, apresentamos, como sugestão para uma *educação econômica*, alguns temas e sua contextualização, conteúdos e atividades, cujas características são as de explorar o cotidiano; buscar informações; planejar; imaginar; comparar; observar; elaborar resumos e críticas; buscar suposições e hipóteses; obter e organizar dados; tomar decisão; avaliar e autoavaliar; apresentar os resultados das pesquisas; defender seus pontos de vista.

Proposta pedagógica de intervenção: Projeto 1

TEMA	O consumo está presente na vida cotidiana
Contextualização	A identificação do ato de consumir talvez seja um dos primeiros aspectos a ser considerado, uma vez que a necessidade de sobrevivência do homem leva-o a consumir. Portanto, o consumo é um fato social objetivo, alterado por comportamentos e atitudes subjetivas, que influencia a qualidade de vida individual e coletiva. As tomadas de decisão sobre as formas de consumo que se adotam afetam a si próprio, à família, aos vizinhos, à cidade e ao ambiente como um todo e são, também, influenciadas por valores individuais e locais.
Conceitos e conteúdos	Qualidade de vida – Necessidades – Decisão de compra consciente
Atividades	*Identificar as situações* nas quais se consome desde o nascimento. Relacionar os produtos consumidos, classificá-los (os necessários para a sobrevivência, os desejados ou desejáveis, os consumidos diária, mensal e esporadicamente, os consumidos individualmente, na família, coletivamente, os finitos, os que dependem da produção do homem). *Buscar informações* sobre coisas que nos fazem querer consumir. Relacionar coisas que desejamos consumir (eletrônicos, brinquedos, alimentos, bebidas) e os motivos pelos quais somos levados a isso. O impacto do consumo de tais produtos no ambiente. Escassez de recursos: os desejos ilimitados e recursos limitados. O que pode ser feito com aquilo que não se utiliza mais. Como divulgar essas informações. *Ações para um consumo consciente* individual, na família, na escola, na comunidade.

Proposta pedagógica de intervenção: Projeto 2

TEMA	Onde e como gasto o dinheiro
Contextualização	Crianças, pré-adolescentes e jovens recebem dinheiro para seus gastos. Ter conhecimento sobre o dinheiro (história, função do banco, juros, crédito, poupança) auxilia-os a ampliarem seus sistemas de significação. A utilização do dinheiro é feita para comprar alimentos e bebidas, diversão, brinquedos, acessórios, roupas e outros itens. Saber lidar com o dinheiro, organizando, planejando as ações, fazendo levantamento de preço, qualidade e necessidade do produto são ações que um consumidor infantojuvenil precisa conhecer, porque está inserido no mundo econômico. Suas compras são influenciadas por amigos, publicidade e família, e é importante identificar como e em quais situações isso acontece.
Conceitos e conteúdos	Dinheiro – Escassez – Publicidade e marketing – Hábitos – Preservação (redução, reutilização e reciclagem de recursos – Proteção, defesa e organização do consumidor
Atividades	*Dinheiro*: história, onde utilizamos, como se ganha, formas de valorizar o dinheiro como fruto do trabalho, a importância de poupar, conhecer cédulas e moedas. Os lugares de compras que conhece, suas características. Se recebe dinheiro, o quanto recebe, com qual frequência, se gasta sozinho, como gasta, as estratégias que utiliza para gastá-lo (faz listas, pesquisa preços, verifica qualidade, poupa). Identificar os produtos vendidos em diferentes tipos de comércio. Que produto compra sozinho, se os produtos são os mesmos que os pais compram. Leitura das embalagens (limpas, intactas, se têm componentes ecológicos), comparar diferentes embalagens.

Atividades	*Brinquedos*: quantos brinquedos têm em casa; como são produzidos e quais materiais são utilizados; critérios para compra, comparando preços e qualidade; postura crítica diante da publicidade e de promoções; análise quanto à durabilidade, segurança e embalagem. Organização de feira para troca e venda (reutilização) de brinquedos usados. Campanha de doação de brinquedos. Observar perigos que os brinquedos possam ter (pontas cortantes, materiais inflamáveis, tintas tóxicas, peças pequenas, voltagem alta em eletrônicos). As necessidades de brinquedos das crianças por faixa etária. *Tempo livre*: o que faz; quais as opções; quanto gasta; as atividades que existem no bairro; identificar atividades perigosas e violentas; organizar campeonatos de jogos coletivos. Quanto tempo fica diante da TV, em qual horário, quais programas assiste. Aprender a confeccionar jogos e jogá-los. Entrevistar as pessoas sobre o que fazem com o tempo livre e organizar os dados em tabelas com as informações: idade, sexo, custo, teatro, lanchonete, ler, música, pintar, tempo gasto.

Proposta pedagógica de intervenção: Projeto 3

TEMA	De olho na publicidade
Contextualização	Compreender a função da publicidade e sua influência em nossas vidas contribui para que se tenha uma posição mais consciente em relação ao consumo. As crianças têm modelos que lhes ensinam a ser consumidoras, mas poucos que ensinem a ser consumidoras conscientes, identificando o que influencia nas tomadas de decisão. Evitar o endividamento, comprar o que é necessário, não significa uma vida de privações, mas uma vida saudável e que também se preocupa com o futuro do planeta.
Conceitos e conteúdos	Publicidade e marketing – Decisão de compra de bens – Proteção, defesa e organização do consumidor
Atividades	– *Compra*: perguntas que posso fazer a mim mesmo antes de comprar: necessito do produto? É de boa qualidade? É possível reutilizá-lo, reciclá-lo, reduzir? Posso dividir com outras pessoas? Escolhi um produto que causa menos dano no ambiente? – *Visitando um supermercado*: como são distribuídos os produtos? Produtos com preço normal estão misturados com os produtos em promoção? Que tipo de produto fica junto ao caixa? – *Publicidad*e: a quem se dirige a publicidade; caracterizar a publicidade em jornal, televisão, revistas infantis e para adultos. Organizar ficha de investigação para caracterização da mídia – por exemplo, de uma revista: edição, número de páginas, quantidade de propaganda, se a propaganda é dirigida para criança ou adulto; de televisão: quanto tempo dura a propaganda, canais em que passa, horário em que passa, a quem se destina.

> O que falta na propaganda para que o consumidor esteja realmente informado, quais as características de uma mensagem. Estudo do meio, investigando os espaços que a publicidade ocupa; o que chama a atenção na propaganda (personagens, mensagem, música, cores).

IMPLICAÇÕES PEDAGÓGICAS

Optamos aqui por apresentar um relato que, como situação peculiar, vem confirmar a necessidade de circulação e, ao mesmo tempo, de sistematização de informações sobre *educação para o consumo*. Relata-se aqui um fato que pode ser utilizado como exemplo de "nichos de ignorância" em que todos, em maior ou menor grau, numa ou noutra área, estão envolvidos. Por outro lado, vem também confirmar a rápida sensibilização, a princípio, que ocorre nos adultos e crianças quando passam a ter informações que antes eram despercebidas. Em 2008, ministrei um minicurso sobre *educação econômica* para professoras do "Colégio Americana".[1] O objetivo, naquele momento, foi o de sensibilizar sobre a importância de abordar temas como consumo, tomada de decisão, administração do dinheiro e sugestões para o trabalho pedagógico. As professoras presentes ficaram surpresas com o assunto, reconhecendo-o, ao mesmo tempo, como uma novidade e como algo importante para os alunos e para si próprias, uma vez que "nunca tinham pensado sobre o tema, de forma sistematizada".[2]

Esse minicurso desencadeou o interesse pela questão, o que originou o desenvolvimento de um projeto sobre consumo, realizado com alunos de terceira série, com idade entre oito e nove anos, do qual resultaram duas constatações. A primeira foi a pertinência do tema para esses pequenos consumidores.

---

[1] O Colégio Americana é uma escola construtivista, cuja metodologia é utilizada para a Educação Infantil e Ensino Fundamental.

[2] Comentário das professoras.

A iniciativa do projeto foi da professora Marilayne[3] que, após ouvir "algumas crianças comentando que se sentiam melhores do que outras por possuírem determinados bens, já sensibilizada pelo assunto, convidou-os a conversar sobre o que sabiam sobre consumo". Realizou-se, então, o levantamento do mapa textual com as crianças, surgindo informações que circulam no mundo adulto e que fazem parte do seu vocabulário: cheque, cartão, imposto de renda, consumo de alimentos e brinquedos, obesidade, reciclagem, economia. A partir desse mapa, a professora organizou a aplicação do projeto. Partindo do princípio de que a criança é o sujeito ativo na construção do conhecimento, a professora elaborou atividades que solicitaram ação-reflexão-ação e garantiu um ambiente socioafetivo para favorecer os questionamentos e a troca de pontos de vista entre os pequenos para que pudessem pensar a partir de outras perspectivas, além da sua própria. Os estudos do meio realizados, tais como compra no supermercado, visita ao banco, o trajeto percorrido, possibilitaram conhecer e/ou ampliar o conhecimento e seu significado, além de demonstrar as relações entre os conteúdos de cada área, ou seja, matemática, português, história, geografia, ciências.

A segunda foi a de que a escola pode ser considerada como um espaço democrático. Ou não. Ver-se-á por quê. Essa constatação é fruto de vinte e oito anos de trabalho, observação, experiência e estudo que vivenciei na *educação*.

A escola é o local do embrião da esperança. Este se desenvolve a partir de sonhos, de devaneios, de solidariedade e muitos outros sentimentos e sentidos que são atribuídos a ela pelas pessoas que nela trabalham, estudam e convivem. A escola cresce e ganha personalidade a partir do que se pensa

---

[3] A professora Marilayne de Oliveira Ragagnani, do Colégio Americana, gentilmente, disponibilizou seus registros para serem divulgados. A ela e à diretora da escola, professora Ms. Adriane Santarosa dos Santos, cabem a responsabilidade e a iniciativa da realização do Projeto Avaliando o Consumismo, desenvolvido desde 2008 e que muito contribuiu para meus estudos.

sobre ela e com ela. Surgem muitas ideias em seu cotidiano, mas, se elas não são compartilhadas, não circulam pelo ar para tornarem-se fonte de contínua inspiração, não ficam inscritas na alma, nas paredes e nas mentes, decididamente, não podem ser ouvidas. Não poder ouvir a voz do outro como a sua própria torna-a insensível às mudanças que ocorrem tanto fora como dentro de seus portões. A escola parece agir, então, inversamente ao que se espera dela, pois fecha-se em si, num conhecimento que acredita ser suficiente. Aprendemos com Piaget que, quando um conhecimento se fecha em si, perde o sentido maior que é o de buscar a razão, e esta só pode ser encontrada quando se agregam os mais diversos conhecimentos, sempre permeados por uma simples pergunta: "Por quê?". Os conhecimentos podem ser renovados, inventados, modificados, pelo fato de que há sempre aqueles que insistem em perguntar "Por quê?". Reside aí o segredo de toda sabedoria construída nos mais diversos níveis de significação.

Querer compreender motivos, causas, acontecimentos, comportamentos faz com que o entorno seja observado, escrutinado, decomposto e recomposto em suas inúmeras peças. Uma pergunta pode fazer a revolução. Pode ser uma revolução interna – aliás, ela começa internamente, entre os muros da razão, da emoção, num verdadeiro processo dialético –, ou externa, que é outro processo dialético, só que mais amplo, uma vez que exige a participação de outros, discutindo, comparando, discordando, enfim, colocando à prova. Os antecedentes históricos da escola demonstram que raramente ela foi espaço de trocas de saberes, de pontos de vista e de outras trocas. Lentamente, o espaço de transmissão de conhecimento que ela ocupa tem se modificado, provavelmente pela tensão provocada pelas inúmeras forças, interesses, experiências e saberes que faz com que a escola caminhe numa direção mais democrática e em busca do conhecimento.

A qualidade desse caminhar pode ser mensurada de muitas formas. Hoje em dia, índices oficiais têm procurado apresentar o que ocorre com a escola e proporcionado valiosas informações sobre ela. Parece que um lento processo de descobertas está instaurado e que ocasionará novas perguntas, espalhadas pelo ar como belos balões coloridos, longe do alcance de lindas mãozinhas, mas poderão ser apanhados com recursos eficientes, não tão novos, mas com certeza transformadores: a curiosidade e a busca pelo conhecimento. O primeiro, engraçado, colorido; o segundo, translúcido e carregado de energia própria. Almas gêmeas. Provocadoras de um raro desequilíbrio que abala as estruturas mais resistentes e que jamais permitem voltar ao mesmo ponto sem que se o tenha transformado. Tais transformações, mesmo que complexas, são globais e têm um caráter consistente.

Não há realidade que resista a essa rara energia contagiante, mas os menos avisados podem se assustar. Não há escola que se obscureça com o fracasso quando se observa o reflexo dos esforços produzidos para romper os desafios que, cotidianamente, o conhecimento e a curiosidade procuram fazer. Inaugura-se, então, uma fonte inesgotável de novidade. O esforço para que isso ocorra é intenso, pois é fruto de observação, organização, análise e muito exercício de pensar, que ocorre individual e coletivamente.

Essas ideias traduzem, cada vez mais, as necessidades da sociedade atual de pessoas criativas, saudáveis, educadas, habilidosas, para auxiliar na construção de um mundo melhor. Além da aplicação de recursos financeiros para suprir desde necessidades de manutenção às de novas tecnologias, investir no capital humano de uma escola é, ao mesmo tempo, ético e emergente para que os professores desenvolvam a capacidade de refletir e auxiliem o desenvolvimento intelectual, moral, afetivo, social, cultural e político dos alunos.

Os desafios do século XXI são numerosos, complexos, e solicitam conhecimentos, estratégias, competências, valores, atitudes. Como ambiente desafiador é um predicado da escola e ele combina com solidariedade, cooperação, reciprocidade, ética, então é nela que tal construção é propícia para ocorrer desde a mais tenra idade. Assim procedendo, a escola pode contribuir para colocar em discussão valores, cultura, identidade, mídia, economia, ecologia e outros conhecimentos em direção a uma lógica cidadã. Os conhecimentos precisam ser disponibilizados no cotidiano para que as redes de significações sejam ampliadas e façam parte, democraticamente, da vida de qualquer pessoa, sendo instrumento de libertação e não de opressão ou privilégio de poucos. As aprendizagens escolares, então, precisam ser úteis no contexto cotidiano, para o sucesso de quem as utiliza, o que significa que também novas alfabetizações devam ser desencadeadas, econômica, ecológica, midiática, tecnológica, identitariamente. Novos balões são soltos, e cabe à escola, com curiosidade e conhecimento, assumir esse desafio.

Bem que a escola poderia usar, com alunos, as lições de sedução do marketing: as características de cada faixa etária; a imaginação, os sonhos, a fantasia e a criatividade; a certeza de ser especial; a expectativa de que se aprenderá mais com cada novo "produto"; a perspectiva de tornar-se melhor; aguçar a curiosidade e ter vontade de saber mais e consumir mais o saber.

REFERÊNCIAS BIBLIOGRÁFICAS

BARBOSA, L.; CAMPBELL, C. (org.). *Cultura, consumo e identidade*. Rio de Janeiro: Editora FGV, 2007.

BAUMAN, Z. *Identidade*. Entrevista a Benedetto Vechi. Rio de Janeiro: Zahar, 2005.

BUCHALLA, Ana Paula. A juventude em rede. *Veja*, São Paulo, ano 42, n. 7, p. 83-93, fev. 2009.

BUKSTEIN, M. J. S. *Relación entre la alfabetización económica, las prácticas de uso del dinero y los hábitos de consumo televisivo en preadolescentes (tweens) de Temuco*. Magister en Psicología – Universidad de la Frontera, Temuco, Chile, 2007. 180 f.

BRASIL – Secretaria de Educação Fundamental. *Parâmetros curriculares nacionais;* introdução aos parâmetros curriculares nacionais. Brasília: MEC/SEF, 1997.

CANTELLI, Valéria C. B. *Procedimentos utilizados pelas famílias na educação econômica de seus filhos.* Tese de doutorado em Educação apresentada na Universidade Estadual de Campinas. Campinas, 2009. 415f.

DENEGRI, M. Coria. Como as crianças e adolescentes compreendem a economia? Avaliação do desenvolvimento do pensamento econômico na infância. In: ASSIS, Mucio; MANTOVANI DE ASSIS, Orly. *Anais do XIV Encontro Nacional de Professores do PROEPRE;* Piaget e a educação. Campinas: Unicamp/FE/LPG, 1997.

_____. Educación económica en la escuela: un paso mas hacia la inclusión social. In: ASSIS, Mucio; MANTOVANI DE ASSIS, Orly Zucatto (org.). *Anais do XXIII Encontro Nacional de Professores do PROEPRE.* Campinas: FE/Unicamp/ Art Point, 2006.

_____. Educar a los consumidores del siglo XXI. In: ASSIS, Mucio; MANTOVANI DE ASSIS, Orly. *Anais do XVII Encontro Nacional de Professores do PROEPRE;* Piaget e a educação. Campinas: Unicamp/FE/ LPG, 2000.

_____. La comprensión de la economía en la infancia y la adolescencia. In: DENEGRI, M. C. et al. *Consumir para vivir y no vivir para consumir.* Temuco: Kolping Impresores, 1999.

_____. ¿Ciudadanos o consumidores? Aportes constructivistas a la socialización econômica y la educación para el consumo. In: ASSIS, Mucio; MANTOVANI DE ASSIS, Orly. *Anais do XX Encontro Nacional de Professores do PROEPRE;* Piaget e a educação. Campinas: Unicamp/FE/LPG, 2003.

_____ et al. *Informe de investigación – Consumo televisivo y prácticas de uso del dinero.* Universidad de La Frontera (UFRO). Temuco: [s.n], [ca. 2004].

DITTMAR, H. *Consumer Culture, Identity and Well-Being.* The Search for the "Good Life" and the "Body Perfect". Hove: Psychology Press, 2008.

DOUGLAS, M.; ISHERWOOD, B. *O mundo dos bens.* Para uma antropologia do consumo. Rio de Janeiro: UFRJ, 2006.

FERMIANO. Maria A. Belintane. *Pré-adolescentes ("teens") – Desde a perspectiva da teoria piagetiana à da Psicologia Econômica.* Tese de doutorado em Educação apresentada na Universidade Estadual de Campinas. Campinas, 2010. 473f.

HALL, S. *A identidade cultural na pós-modernidade.* 10. ed. Rio de Janeiro: DP&A, 2005.

MANTOVANI DE ASSIS, Orly Zucatto. *A solicitação do meio e construção das estruturas lógico-elementares na criança*. Tese de doutorado em Ciências apresentada na Universidade Estadual de Campinas. Campinas, 1976. 173f.

_____. *Uma nova metodologia de educação pré-escolar*. 6. ed. São Paulo: Pioneira, 1989. 55p. (Série Cadernos de Educação.)

MCNEAL, J. U. *Kid's as Costumers*. A Handbook of Marketing to Children. New York: Lexington Books, 1992.

NICKELODEON BUSINESS SOLUTION RESEARCH. *Relação das crianças com a tecnologia;* playground digital. Disponível em: <http://www.icnews.com.br/2007.10.29/negocios/nickelodeon-realiza-pesquisa--em-12-paises-sobre-a-relacao-das-criancas-com-a-tecnologia--playground/> Acesso em: 13 out. 2009.

PIAGET, J. *Estudos sociológicos*. Rio de Janeiro: Forense, 1973.

RATHS, L. E. *Ensinar a pensar*. Teoria e aplicação. 2. ed. São Paulo: EPU, 1977.

SIEGEL, D. L.; COFFEY, T. J.; LIVINGSTON, G. *The Great Tween Buying Machine*. Market to Today's Tweens. Ithaca, New York: Paramount Market Publishing, 2001.

SILVA, Sonia Bessa da Costa Nicácio. *Alfabetização econômica, hábitos de consumo e atitudes em direção ao endividamento de estudantes de pedagogia*. Tese de doutorado em Educação apresentada na Universidade Estadual de Campinas. Campinas, 2008. 318f.

SLATER, Don. *Cultura do consumo e modernidade*. São Paulo: Nobel, 1997/2002. 216p.

WOODWARD, K. Identidade e diferença: uma introdução teórica e conceitual. In: SILVA, Tomaz Tadeu da (org.). *Identidade e diferença*. A perspectiva dos estudos culturais. 4. ed. Petrópolis: Vozes, 2000.

5. A virtude do amor nas representações de si de professores

Fernando Augusto Bentes de Souza*

Pesquisar sobre o que professores pensam a respeito de si, enquanto profissionais ligados à área educacional, como se representam e que vínculos afetivos mantêm com a sua profissão implica assumirmos a dimensão *afetiva* como importante e necessária, porém não suficiente para a constituição desses sujeitos e para o seu exercício profissional. Se pensarmos que os espaços educativos escolares são os contextos onde esses atores sociais exercem a sua profissionalidade docente e que a escola é também o palco onde coexistem simultaneamente a relação cognitiva e a relação humana (Castro, 1996), teremos aí um campo fértil para aprofundarmos pesquisas que investiguem a importância e o papel da dimensão afetiva para o fazer docente.

---

* Psicólogo formado pelo curso de Psicologia da Universidade Federal do Pará. Mestre em Educação pela Pontifícia Universidade Católica do Rio de Janeiro e doutor pelo Programa de Psicologia Escolar e do Desenvolvimento Humano do Instituto de Psicologia da Universidade de São Paulo. Atua como docente dos cursos de Letras-Língua Portuguesa e Pedagogia da Universidade do Estado do Pará (UEPA) na modalidade presencial e no Programa do Governo Federal de Formação de Professores (PARFOR), tendo atuado nos cursos de Letras-Língua Portuguesa, Pedagogia e Educação Física. Revisor de material didático na mesma universidade. Orientador de monografia do curso de especialização em Psicologia Educacional com ênfase em Psicopedagogia Preventiva promovido pela UEPA. É líder do grupo de pesquisa e intervenção "Afetividade, Inteligência e Moralidade" (UEPA/CNPq). Atua na área educacional/escolar e ministra cursos e palestras sobre os seguintes temas: desenvolvimento/aprendizagem; subjetividade e educação escolar; teoria piagetiana (afetividade e desenvolvimento sociomoral); violência no contexto.

Portanto, estamos considerando que o *ensinar*, enquanto um conjunto de ações realizadas por sujeitos em determinados espaços, contempla e aglutina de forma muito pertinente as dimensões afetiva e cognitiva. Nesse sentido concordamos com a perspectiva piagetiana segundo a qual a afetividade propõe metas e a cognição organiza meios e procedimentos para que tais metas sejam atingidas; e é a partir desses pressupostos que o exercício da *docência* se configura como um interessante objeto de estudo onde podem ser investigadas as relações de interdependência entre as duas dimensões citadas.

Numa época como a que estamos vivendo, cheia de episódios de violência, de atos de desamor, afirmamos ser bastante relevante trazer para o debate acadêmico o tema da *afetividade*, focalizando a discussão na figura do professor, sobretudo quando temos observado nos meios de comunicação tantos atos violentos cometidos no espaço escolar contra os professores, e contra os alunos também. Nesse sentido o professor e seu processo de formação precisam ser repensados à luz dos estudos sobre a importância da *afetividade* e da *moralidade humana*, que têm contribuído cada vez mais para ampliar e trazer novos elementos para a problemática que nos propomos abordar no presente trabalho.

Por outro lado, acreditamos ser importante investigar outras facetas da figura do professor, como, por exemplo, sua dimensionalidade psicológica, mais subjetiva. Aspectos metodológicos, didáticos são igualmente importantes, mas defendemos a necessidade de pesquisar outros aspectos, como, por exemplo, a dimensão afetiva presente nas representações de si de professores.

Além de todas as questões abordadas, cremos que nosso trabalho poderá ampliar a discussão sobre essa área temática, investigando como os professores se veem, se percebem e o que sentem pelo *magistério*, acrescentando mais elementos a esse campo investigativo.

Como profissional da área da psicologia, sempre estivemos e continuamos atuando em cursos para a formação de professores e nesse sentido sempre nos inquietamos com várias questões que afetam a formação e atuação desses profissionais: suas escolhas, seus conflitos e alegrias, seus tropeços, sua glória e seus fracassos; os vínculos afetivos que os professores estabelecem com a sua profissão; suas motivações; seus desejos e seus princípios.

O presente capítulo discute inicialmente o conceito de interesse e valor segundo Piaget. A seguir, apresentamos os conceitos de representações de si, virtudes morais, e discutimos a virtude do amor, que é aquela que investigamos. Então apresentamos os resultados da pesquisa na qual os professores escrevem e falam de si e, finalmente, escrevemos o que julgamos ser as implicações pedagógicas deste capítulo.

INTERESSE, VALOR:
A CONTRIBUIÇÃO DA EPISTEMOLOGIA GENÉTICA

Como um dos marcos teóricos principais de nosso trabalho, situamos as ideias, noções e conceitos postulados pelo criador da *epistemologia* e da *psicologia genéticas*, Jean Piaget. Ainda que nosso estudo não possa ser considerado como um estudo de *psicologia moral* da forma como essa linha de investigação tem realizado seus estudos, cremos ser apropriado discutir as interações entre afeto, razão e moral, já que, como Comte-Sponville (2001), consideramos o *amor* como uma virtude moral, portanto o *amor*, sendo virtude, pertence também ao campo dos afetos e da cognição.

Segundo Piaget (1978), afetividade e cognição são dois elementos indissociáveis, irredutíveis e complementares, um implicando-se no outro. Para o autor, não há condutas puramente intelectuais ou afetivas. Inteligência e afetividade estão constantemente interligadas, devendo, entretanto, ser consideradas de natureza diferente.

Dentro do modelo piagetiano, situa-se o conceito de *interesse*, sendo esse considerado o regulador energético que mobiliza e impulsiona as condutas humanas em direção a objetos, situações e pessoas: "Em todos os níveis, a ação supõe sempre um interesse que a desencadeia" (p. 12). Sabe--se também que o interesse é o prolongamento de algum tipo de necessidade, seja ela fisiológica, afetiva ou intelectual. É inegável, segundo essa visão, que resultados positivos podem ser alcançados entre os escolares quando as atividades propostas e os conteúdos trabalhados no espaço escolar apelam e respondem aos seus interesses e necessidades. É importante o conceito piagetiano de *interesse* para pensarmos na vinculação afetiva dos professores com a sua profissão de ensinar, principalmente se admitirmos o interesse como um elemento que impulsiona os sujeitos na direção dos objetos.

Valor é outro conceito essencial para a presente discussão. O valor está ligado a uma espécie de expansão da atividade, do eu, na conquista do universo. Expansão esta que põe em jogo a assimilação, a compreensão da realidade física e social. Podendo ser considerado como um intercâmbio afetivo com o exterior, objeto ou pessoa, o valor intervém já desde a ação primária, desde que o sujeito se põe em relação com o mundo exterior. É ele que determinará as energias que o sujeito deverá empregar em suas ações. Diz-se também que o valor continuará a desempenhar um importante papel no desenvolvimento dos sentimentos. O valor pode ser definido igualmente como uma dimensão geral da afetividade e não como um sentimento particular e privilegiado.

Dessa forma, é legítimo afirmar que o valor está intrinsecamente ligado às ações mesmas do sujeito, na medida em que um objeto ou uma pessoa tem valor quando enriquece a ação própria. Por outro lado, ao sistema de valores construído pelos sujeitos seguir-se-ão valores interindividuais que pressupõem a reciprocidade. Entenda-se reciprocidade, aqui, como "um enriquecimento mútuo dos interlocutores pelo intercâmbio de atitudes" (Piaget, 1994, p. 246). Por sua vez, essa reciprocidade engendrará um descentramento afetivo que conduzirá aos sentimentos normativos e à vida moral.

Como já explicitado, o interesse é definido como um regulador energético e traduz a relação de necessidade experimentada pelo sujeito com o objeto suscetível de satisfazê-la. Enquanto a necessidade provoca um desequilíbrio, sua satisfação traz a reequilibração. Em outras palavras, pode-se dizer que o interesse é um elemento que impulsiona/dirige a ação do *sujeito* em relação a *objetos* e *pessoas* com a finalidade de satisfazer uma dada *necessidade*. O conteúdo do interesse, seu aspecto qualitativo, constitui o *valor*, cuja característica fundamental é regular a distribuição dos *fins* e dos *meios*.

REPRESENTAÇÕES DE SI, VIRTUDES MORAIS E O AMOR

Como nosso trabalho objetiva discutir representações de si de professores do *ensino fundamental*, bem como o lugar ocupado pela *afetividade* dentro dessas representações, faz-se necessário introduzir uma discussão mais específica acerca do conceito de *representações de si*.

De acordo com Perron (1991), o conceito de consciência de si serve para descrever/caracterizar "processos psicológicos por meio dos quais todo um conjunto de fenômenos – sensações, representações, ideias, desejos, crenças, estados corporais etc. – se organizam enquanto totalidade constitutiva do Sujeito" (p. 12). Esse autor considera que cada pessoa faz de si mesma uma representação quando evoca aspectos que segundo ela própria a definem como pessoa.

Assim, *representações de si* são, com efeito, representações que o sujeito faz de si mesmo: imagens de si construídas como um conjunto de valores, sendo que todas as características usadas pelo sujeito para se definir são percebidas, em diferentes graus, como desejáveis ou não. Mais ainda, pode-se dizer que, no mais íntimo dessa consciência de si – do sentimento de ser esse *si mesmo*, diferente de todas as outras pessoas –, encontra-se a sensação de *ser valor* enquanto *pessoa*. Isso significa que esse "sentimento de coerência e de permanência que define aos olhos da pessoa sua própria existência tende a coincidir com o sentimento de ser valor enquanto pessoa: Sou valor porque sou; Sou porque sou valor" (p. 24). Parafraseando Descartes, acrescentaríamos: Sou *pessoa*, logo *sou valor*.

Outra referência importante para nosso estudo foi o livro de André Comte-Sponville intitulado *Pequeno tratado das grandes virtudes* (2000). Para esse autor, uma virtude é uma força que impulsiona ou que faz agir. Se a virtude da lâmpada é iluminar os ambientes, a virtude dos sujeitos humanos é querer e agir de forma humana. Por outro lado, as virtudes conferem excelência àqueles que as possuem, ou seja, "a virtude de um homem é o que o faz humano, ou antes, é o poder específico que tem o homem de afirmar sua excelência própria, isto é, sua humanidade" (p. 8).

A partir desses pressupostos, as virtudes são caracterizadas enquanto disposições de coração, caráter ou natureza. No entanto, não podemos dizer que nascemos virtuosos, mas que nos tornamos assim pela influência de outros homens. As virtudes são, portanto, históricas, sociais e adquiridas.

As virtudes que nos interessam particularmente são as assim denominadas virtudes morais, ou seja, aquelas que conferem um poder especialmente particular aos seres humanos: poder que faz um homem parecer "mais humano ou mais excelente" (p. 9).

E de todas as virtudes apresentadas por Comte-Sponville interessa-nos discutir o *amor*: o amor enquanto espontaneidade alegre, pois esse é um dos focos de nosso trabalho: o *amor* (os vínculos afetivos) presente (ou ausente) nas *representações de si* de professores do *ensino fundamental*.

Queremos esclarecer que em nosso trabalho a ênfase maior recaiu na expressão amorosa que Comte-Sponville denomina *Philia* (p. 263), que, nas palavras do filósofo, poderia ser traduzida da seguinte maneira "Desejar o que fazemos, o que temos chama-se querer, chama-se agir, chama-se gozar ou regozijar-se. Há ação, há prazer, há alegria cada vez que desejamos o que fazemos, o que temos, o que somos ou o que existe".

Não só falta, o amor é também *força, energia, potência*. Dentro desse enfoque, Comte-Sponville, inspirado pelo pensamento spinozista, postula que "amar é poder desfrutar alguma coisa ou se regozijar dela" (p. 269).

Nessa perspectiva, o amor é alegria; a alegria é primeira. Assim, amor e alegria se mesclam profundamente: "[...] só há amor alegre, só há alegria no amor" (p. 273). Aprofundando mais essas ideias, ele afirma que o prazer amoroso no sentido mais pleno e grandioso da palavra, só acontece "[...] quando a alma se regozija e isso é o que ocorre especialmente nas relações interpessoais" (p. 270). Como nosso trabalho investiga representações de si de professores e o lugar da afetividade nessas representações, acreditamos que o *amor Philia* possa traduzir de forma mais adequada e pertinente as relações entre professores e alunos.

A PESQUISA: OS PROFESSORES ESCREVEM E FALAM DE SI

Embora se saiba que há inúmeros problemas na *educação brasileira* como um todo, em todos os níveis de *ensino*, é sabido também que a *educação escolar* continua sendo valorizada pelos estudantes como algo importante em suas vidas. Para isso, basta darmos uma olhada em recentes resultados obtidos em uma pesquisa realizada por Harkot-de-La-Taille e La Taille (2006), comentada posteriormente por La Taille (2006), com cinco mil alunos do *ensino médio* da Grande São Paulo, de escolas públicas e privadas. Observou-se entre os resultados obtidos que 71% dos alunos, em média com dezessete anos, avaliaram que os professores são muito importantes para o progresso da sociedade, sendo que 27% dos pesquisados consideraram os professores importantes.

Além disso, outra pesquisa, realizada durante dois anos com 52 mil sujeitos em 1.440 escolas nos vinte e sete estados da Federação, em parceria entre o Laboratório de Psicologia do Trabalho da UnB e a Confederação Nacional dos Trabalhadores em Educação, apontou que 86% dos investigados consideram-se satisfeitos com o seu trabalho, mesmo com as dificuldades que enfrentam (Codo, 2006, p. 100-101).

Foi com base em todas as considerações apresentadas que realizamos uma investigação que visava responder às seguintes questões: *Que representações professores do* ensino fundamental *fazem de si? O amor está presente nessas representações?* Nossa pesquisa objetivou, também, *investigar sobre o* amor *como um elemento importante nas* representações de si *de professores do* ensino fundamenta; *evidenciar que vínculos afetivos eles estabelecem com o exercício do* magistério; *identificar os atributos destacados pelos professores em suas representações de si.*

Tivemos a colaboração voluntária de 107 professores da 1a à 8a série do *ensino fundamental* de diferentes cidades brasileiras situados na faixa etária entre vinte e um e sessenta anos. Na primeira parte de nosso estudo, os docentes elaboraram um texto respondendo à seguinte questão: *Quem sou eu como professor(a)?* Os textos foram analisados de acordo com os seguintes aspectos: aspectos gerais, ou seja, como os professores se representam, através de que elementos, de que imagens; aspectos específicos que indicassem os vínculos afetivos do professor com o *magistério* expressos através de palavras tais como: prazer, amor, paixão, compromisso, dedicação e responsabilidade. Outros aspectos igualmente considerados foram: a importância atribuída pelos docentes à escola, à educação, ao *conhecimento* (incluindo a *disciplina* ministrada pelo professor); referências explícitas ao desenvolvimento e à aprendizagem do aluno. 81,3% dos participantes são do sexo feminino e 46,7% têm curso de pós-graduação (especialização). Entre os 107 docentes investigados havia representantes de várias áreas do conhecimento: matemática, línguas, história, geografia, ciências, pedagogia, física, educação física.

Quase sempre, realizávamos a coleta logo na primeira visita às escolas. Pedíamos aos professores que lessem atentamente as instruções da folha que orientava a elaboração de uma redação (*memorial*) respondendo à pergunta *Quem sou eu como professor(a)?* Geralmente, as coordenações cediam alguma sala para que os professores que aceitavam participar pudessem elaborar o referido memorial, o que levava de trinta a quarenta minutos, sempre com a presença do pesquisador.

Em seguida, os textos foram analisados levando-se em consideração os aspectos já explicitados.

As *representações de si* constatadas nos *memoriais* foram analisadas e categorizadas, tomando-se como base os vários elementos e atributos utilizados pelos participantes para se representarem enquanto professores. A pergunta deflagradora *Quem sou eu como professor(a)?* foi formulada com o propósito de fomentar nos professores uma autorreflexão a respeito desse *si mesmo* enquanto profissionais num campo específico, o da *educação*. Vejamos a seguir as diferentes *categorias* que pudemos construir a partir dos elementos encontrados nos textos.

A Categoria A (Vínculos Afetivos Positivos dos Professores com o Magistério) contempla as referências feitas pelos

131

participantes: aos vínculos afetivos que estabelecem com o *ensinar*, com os *alunos*, incluindo aqui o *amor*, o regozijar-se com as conquistas e descobertas dos alunos; à importância atribuída à disciplina (área de conhecimento) que lecionam; ao lugar que a profissão de professor ocupa nas suas vidas; à realização e satisfação advinda pelo exercício do *magistério*.

A Categoria M (Dimensão Moral do Educador) compreende os textos em que os professores se representam por meio de conteúdos morais, tais como: *honestidade, justiça, transparência, cidadania, responsabilidade*. Chamamos a atenção para o fato de, ao se representarem usando tais conteúdos, os docentes fazerem referência às relações interpessoais estabelecidas no cotidiano da sala de aula. Ou seja, nessas representações é possível constatar que os professores fazem uma reflexão sobre a dimensão moral como um componente importante na sua identidade, sempre levando em consideração a presença dos alunos.

A Categoria PA (Professor Aprendente) compreende os professores que se representam como aprendizes, considerando esse autoatributo como importante para o exercício do *magistério*. Cremos que tal fato é um indicador positivo quando os próprios educadores, mestres ou professores se colocam no lugar de aprendiz, uma vez que uma das funções de um educador é despertar e fomentar nos discentes o desejo de aprender novos conhecimentos, fazer novas descobertas (Savater, 2000. Contreras, 2002). Podemos constatar essa vontade de querer aprender nos trechos dos *memoriais* de alguns desses educadores.

Entre os textos produzidos pelos docentes, foram construídas mais duas *categorias*: VA (Vínculos Ambivalentes com o Magistério), onde se inserem os professores que apresentaram um vínculo ambivalente com a sua profissão, ou seja, um vínculo que oscila entre polos, às vezes até antagônicos; e a Categoria Outros, que compreende os *memoriais* que não apresentaram elementos que permitissem ser classificados nos outros tipos já apresentados.

Dos resultados obtidos, 62% dos participantes apontaram vínculos afetivos amorosos em seus textos; 17% se representaram através de atributos de natureza moral e 19% como professores aprendizes que buscam renovar-se e aperfeiçoar-se. Além desses aspectos, encontramos textos onde os professores se declaram responsáveis pelo aprendizado de seus alunos, participam de forma especial da formação de seus educandos e se sentem confiantes nas possibilidades positivas dos seres humanos. Por sua vez, ter encontrado docentes que se declaram abertos ao diálogo, ao construir e ao partilhar, nos remete às ideias piagetianas sobre o desenvolvimento do juízo moral humano, sobre a importância de se lutar por uma educação que valorize relações de cooperação, o respeito mútuo e a construção da autonomia em suas múltiplas dimensões (Piaget, 1932/1977).

A crença positiva depositada por alguns de nossos sujeitos no potencial positivo da educação encarada como algo que se constrói na experiência cotidiana, faz-nos aproximar mais uma vez das reflexões piagetianas segundo as quais o conhecimento se desenvolve, entre outras coisas, por meio de experiências vividas, elaboradas e re-construídas.

O professor que se coloca também no lugar do eterno aprendiz incentiva seus alunos a se posicionarem de forma semelhante diante do conhecimento. O mestre é aquele que aponta para seus aprendizes o caráter instável e provisório de todo e qualquer saber; portanto, questões deixadas em aberto podem se transformar em disparadores essenciais para desencadear o "desejo incessante de conhecer o mundo e a si mesmo" (Dozol, 2003, p. 23).

Se observarmos novamente os dados encontrados, constataremos que os professores inseridos na Categoria A, os que se encontram na Categoria PA e aqueles situados na Categoria M perfazem 98% do universo de cento e sete docentes que participaram da pesquisa. Esse dado por si só se revela como bastante expressivo, pois corresponde a noventa e um docentes que se representam de forma bastante positiva: seja afetivamente vinculados ao *ensinar*; seja como professores que se percebem e se representam como agentes corresponsáveis pela formação sociomoral de crianças e adolescentes; seja, por fim, como mestres e educadores sempre prontos a aprender engajados num movimento contínuo de renovação e evolução pessoal e profissional.

No geral, pode-se dizer, com certa cautela, que esses professores se identificam, se caracterizam de maneira bastante positiva, e a visão que têm de si enquanto educadores está fortemente atravessada por autodefinições morais, confirmando as teses de La Taille (2002), segundo as quais "o homem busca ver-se como valor positivo", sendo que "a busca de representações positivas é uma das motivações básicas das condutas humanas" (p. 65-72).

Dentro dessa ótica, o *amor* apontado nos textos dos educadores participantes da pesquisa é concebido como valor de destaque que pode ser relacionado ao humanismo prático, implicando a afirmação e a defesa da humanidade como valor. Como se pode observar com relação a esse aspecto, as ideias de Comte-Sponville mesclam-se às postulações de Kant, para quem a humanidade deveria ser sempre tratada como fim e nunca como meio.

Por outro lado, se tomarmos como ponto de apoio a discussão piagetiana acerca das relações entre *afetividade* e *inteligência*, podemos evidenciar uma aproximação entre os conceitos de *amor* e de *interesse*. O *amor* tomado como *virtude* em Comte-Sponville (2000) é poder que faz agir: "[...] a virtude de um homem é o que o faz humano, ou antes, é o poder específico que tem o homem de afirmar sua excelência própria, isto é, sua humanidade" (p. 8). E para Piaget (1994), o *interesse* é o elemento dinamogenizador e energético das ações humanas capaz de mobilizar o *sujeito* em direção ao *objeto* para satisfazer a necessidade identificada. Ora, se o *interesse* é esse elemento energético que direciona e motiva a ação de busca dos sujeitos, podemos dizer que o *amor*, tal como pensado por Comte-Sponville, pode ser considerado como similar ao *interesse* piagetiano, justamente por ser considerado como potência que faz o homem agir, estando, portanto, ligado também às ações humanas.

Podemos concluir, então, que os professores participantes da pesquisa aqui relatada estão afetivamente (*amor, interesse*) ligados à *docência* e ao *ensinar*. Os vínculos afetivos dos professores com o ofício de *ensinar*, com o *magistério*, também apontam para a presença de sentimentos como *amor, paixão, felicidade* e *alegria*. Claro que nem tudo são só flores no universo do ensinar e do aprender. Há desânimo, frustrações, sentimentos de impotência, as representações que temos de nossa pessoa não são monolíticas. Ainda que tenhamos determinadas partes desse *si mesmo* que se conservam, se mantêm constantes, somos também constituídos pelo movimento, pelas contradições. Seres multifacetados, e às vezes dentro da mesma pessoa, podem abrigar *representações de si* até antagônicas. Por isso La Taille (2006) chama a nossa atenção para o uso do conceito no plural: *representações* e não *representação*.

Na segunda parte de nossa pesquisa, realizamos uma entrevista individual semidirigida com os professores cujos *memoriais* foram analisados e selecionados, considerando-se os aspectos que foram anteriormente mencionados. Apresentaremos a seguir os resultados dos dezenove docentes da 5ª à 8ª série do *ensino fundamental*: das três palavras citadas pelos docentes para se descreverem como *professor*: 28,1% escolheram *definições morais – solidariedade, respeito, amor*. Das três palavras verbalizadas, uma foi selecionada pelos sujeitos, sendo que

63,2% das destacadas revelaram-se como palavras de natureza *moral*: *amor, amiga, feliz, respeito, comprometimento, responsável.* Ao manifestarem um sentimento que os definia como professores, 85,7% escolheram sentimentos ligados ao *amor*: *amor, alegria, felicidade.* Dos valores destacados pelos professores a serem incentivados nos alunos, 78,85% foram de conteúdos *morais*: *solidariedade, honestidade, sinceridade, respeito, companheirismo, justiça.*

Sobre os motivos que os deixam alegres, os professores citaram: a aprendizagem e o desenvolvimento dos alunos; orgulho pelos efeitos do trabalho realizado; a alegria recíproca entre professores e alunos; estar com os alunos; produzir para a comunidade e a sociedade; sentir-se participante pela formação moral dos alunos.

Ao escolherem pessoas que admiram, escolheram educadores próximos ou não como figuras admiráveis, destacando nesses personagens atributos tais como: altruísmo; o amor pelas pessoas; postura de ajuda e doação de si; a capacidade de superação de obstáculos; a seriedade no trabalho; criatividade, coragem e garra.

Quando enunciaram suas razões para permanecerem no *magistério*, destacaram razões *afetivas* (63,15%), ou seja, amor pela profissão, sentir-se feliz ao ver os alunos felizes; cumplicidade com os alunos; *formativas* (15,8%), crença na disciplina que ministra; de poder ainda contribuir para a sociedade; *idealistas* (21,5%), lutar por um mundo melhor; tentar realizar os sonhos idealizados; acreditar na profissão.

Os resultados indicaram que esses professores se veem de uma forma bastante positiva; sentem-se comprometidos com seus alunos, com a disciplina que ministram e com a educação de um modo geral; demonstram ter consciência da desvalorização social que atinge o Magistério; acreditam que a Educação é importante para o desenvolvimento de seus alunos; sentem-se afetivamente vinculados à sua profissão e permanecem sendo professores por razões tanto de natureza formativa quanto de natureza afetiva.

Nossa investigação apontou que: os participantes se representaram como professores apaixonados, relatando atitudes positivas diante da *educação*, do ensinar, do aluno e seu aprendizado, e se mostraram curiosos e interessados no conhecimento. As informações colhidas revelaram também as seguintes questões: a formação humana dos alunos e alunas, seu desenvolvimento e aprendizagem apareceram como uma meta educativa; o amor, a paixão, a alegria se destacaram como fundamentais para o ensinar. *Valores morais* como *respeito*, *responsabilidade*, *solidariedade*, *companheirismo* foram igualmente apontados pelos professores como importantes para serem incentivados nos alunos.

Por fim, constatamos que os professores que apresentam a *virtude do amor*, portanto um sentimento como uma dimensão destacada em suas *representações de si*, sentem-se satisfeitos e realizados pessoal e profissionalmente. Para finalizar, queremos ressaltar a necessidade de mais estudos mostrando a importância da *afetividade* como um elemento necessário para a efetivação do processo ensino-aprendizagem, bem como para o desenvolvimento dos discentes e o desenvolvimento socioprofissional dos educadores.

Por outro lado, em face de todas as vicissitudes enfrentadas pelos professores no seu cotidiano profissional, tais como: violência, condições precárias de trabalho, desvalorização social e financeira, consideramos necessárias mais pesquisas que continuem investigando e aprofundando as dimensões afetivas e morais da subjetividade docente.

IMPLICAÇÕES PEDAGÓGICAS

Acreditamos que este capítulo possa trazer para o professor como principal implicação pedagógica a reflexão sobre as suas próprias representações de si. Penso que poderíamos propor para o professor, ou para o leitor deste texto, que experimentasse escrever e pensar sobre: *Quem sou eu como professor(a)?Quem sou eu como educador(a)?*

O convite que fazemos é para que o leitor procure encontrar nas suas próprias representações de si a virtude do amor.

REFERÊNCIAS BIBLIOGRÁFICAS

CASTRO, A. D. de. Educação e epistemologia genética. In: SISTO, F. F.; OLIVEIRA, G. de C.; FINI, L. D. T.; SOUZA, M. T. C. C. de; BRENELLI, R. P. (orgs.). Atuação psicopedagógica e aprendizagem escolar. Petrópolis: Vozes, 1996.

CODO, W.; GAZZOTTI, A. A. (2006). Trabalho e afetividade. In: CODO, W. (coord.). *Educação;* carinho e trabalho. Petrópolis/ Brasília: Vozes/Confederação Nacional dos Trabalhadores em Educação/Universidade de Brasília/Laboratório de Psicologia do Trabalho, 2006.

COMTE-SPONVILLE, A. *Pequeno tratado das grandes virtudes*. São Paulo: Martins Fontes, 2000.

CONTRERAS, J. *A autonomia de professores*. São Paulo: Cortez, 2000.

DOZOL, M. *Da figura do mestre*. Campinas/São Paulo: Autores Associados/Edusp, 2003.

LA TAILLE, Y. de. Escola e professores sob o olhar do aluno. In: Formação docente. O desafio da qualificação cotidiana. *Pátio*, Porto Alegre: Artmed, ano X, n. 40, pp. 48-50, 2007.

_____. *Vergonha, a ferida moral*. Petrópolis: Vozes, 2002.

_____; HARKOT-DE-LA TAILLE, E. Valores dos jovens de São Paulo. In: LA TAILLE, Y. de. *Moral e ética;* dimensões intelectuais e afetivas. Porto Alegre: Artmed, 2006.

PERRON, R. *Les réprésentations de soi. Développement, dynamiques, conflits*. Paris: Presses Universitaires de France, 1991.

PIAGET, J. Las relaciones entre la inteligencia y la afectividad en el desarrollo del niño. In: DELAHANTY, G.; PERRÉS, J. (comps.). *Piaget y el psicoanálisis*. México: Universidad Autónoma Metropolitana-Xochimilco, 1994.

_____. *O julgamento moral na criança*. São Paulo: Mestre Jou, 1977.

_____. Os procedimentos da educação moral. In: PARRAT-DAYAN, S.; TRYPHON, A. (introd. e org.). *Sobre a pedagogia;* Jean Piaget. São Paulo: Casa do Psicólogo, 1998. (Coleção Psicologia e Educação.)

_____. *Seis estudos de psicologia.* Rio de Janeiro: Forense Universitária, 1978.

SAVATER, F. *O valor de educar.* São Paulo: Martins Fontes, 2000.

6. Desenvolvimento cognitivo e dificuldades de aprendizagem

*Solange Franci Raimundo Yaegashi**

INTRODUÇÃO

Inúmeras são as pesquisas, tanto em âmbito internacional quanto nacional, que visam a levantar as causas do fracasso escolar nas séries iniciais do ensino fundamental. Tal preocupação é antiga e, historicamente, os pesquisadores procuram explicar o insucesso escolar ora estudando as características físicas e psicológicas da criança, ora as condições sociais, ora os métodos educacionais, dentre outros aspectos (Yaegashi, 1992, 1994 e 1997).

Nesse sentido, psicólogos, psicopedagogos e educadores têm utilizado diversos tipos de instrumentos de avaliação no sentido de estabelecer relações entre dificuldades de aprendizagem e problemas de ordem cognitiva, ou, ainda, dificuldades de aprendizagem e conflitos emocionais. Entretanto, o próprio Piaget (1962) já se manifestara sobre essa questão em um artigo afirmando que o afeto exerce um papel essencial no funcionamento da inteligência. Contudo, a afetividade é uma

---

* Graduada em Psicologia pela Universidade Estadual de Maringá, mestrado e doutorado em Educação pela Universidade Estadual de Campinas e pós-doutorado em Psicologia pela Universidade de São Paulo. Atualmente, é professora associada e coordenadora do Departamento de Teoria e Prática da Educação e do Programa de Pós-Graduação em Educação da Universidade Estadual de Maringá. Seus principais temas de pesquisa são: psicopedagogia, dificuldades de aprendizagem, estresse e *burnout* do professor e a relação escola e família. E-mail: <sfryaegashi@uem.br>.

condição necessária, mas não suficiente, na constituição da inteligência e na construção dos conteúdos transmitidos pela escola.

No que se refere especificamente às relações entre desenvolvimento cognitivo e desempenho escolar, encontram-se na literatura inúmeras pesquisas com intuito de encontrar alguma inter-relação entre essas variáveis. A maioria dos trabalhos apresenta uma fundamentação teórica piagetiana e visa a estabelecer relações entre nível operatório e desempenho em matemática, leitura e escrita, ou, ainda, entre nível operatório e dificuldades nessas áreas. As competências operatórias são estudadas através das provas piagetianas e abordam, quase sempre, o campo das conservações (Domahidy-Dami; Leite, 1992).

A esse respeito podemos citar o trabalho de Chiarottino (1982), no qual a autora procurou encontrar uma justificativa para o fracasso das crianças com problemas de aprendizagem na escola. Tal estudo se baseava na seguinte hipótese:

> [...] se Piaget descobriu como se dá o processo cognitivo, ou seja, como é possível ao ser humano aprender, conhecer e atribuir significado, caracterizando o conhecimento não como simples cópia interior dos objetos ou dos acontecimentos, mas como uma compreensão do modo de construção ou de transformação destes objetos e acontecimentos, então há uma consequência necessária para a prática da psicologia: as crianças que são incapazes de aprender, de conhecer ou atribuir significado devem, por hipótese, ter alguma deficiência em algum dos momentos que formam o processo cognitivo que se explica na construção endógena das estruturas mentais em suas relações com a organização do real, a capacidade de representação e a linguagem (p. 177).

Após inúmeras observações do comportamento de crianças em diferentes situações (nas escolas, nos centros de educação infantil, nos ônibus, nos restaurantes, nos parques infantis e, ainda, em atividades lúdicas desenvolvidas em laboratório), Chiarottino chegou à conclusão de que

> [...] os distúrbios da aprendizagem são determinados por deficiências no aspecto endógeno do processo da cognição e de que a natureza de tais deficiências depende do meio no qual a criança vive e de suas possibilidades de ação neste meio, ou seja, depende das trocas do organismo com o meio num período crítico de zero a sete anos (p. 132).

Em outras palavras, a pobreza ambiental produziria distúrbios funcionais reversíveis em nível neurológico, os quais impediriam uma estruturação do real compatível com uma evolução adequada da cognição.

Segundo Chiarottino, muitas crianças provenientes de classes desfavorecidas sentem mais dificuldades na escola porque apresentam perturbações no processo de cognição decorrentes de uma "falta de estimulação do meio no momento adequado de sua evolução. Isto implicaria numa falha nas trocas do organismo com o meio que, por hipótese, determina uma 'falha' no aspecto endógeno, ou seja, algo deixaria de ser construído a nível cerebral" (p. 160-161).

Em suma, para essa pesquisadora, qualquer deficiência, qualquer dificuldade é explicada em termos de troca. Mantovani de Assis (1976, 1992) também compartilha dessa postura.

Outro pesquisador que se dedicou ao estudo das características cognitivas das crianças carentes foi Montoya (1983). Sua pesquisa teve como objetivo responder à seguinte questão: de que modo o meio social influi no desenvolvimento cognitivo da criança marginalizada?

Fundamentando-se na epistemologia de Jean Piaget, o autor teve como ponto de partida para o seu estudo as condições de vida das crianças marginalizadas, as quais, segundo ele, limitam o desenvolvimento de suas potencialidades cognitivas. Nesse sentido, procurou investigar que aspectos dessas condições de vida, consideradas, *a priori*, como lesivas ao desenvolvimento intelectual, o prejudicam. Essa sua tentativa de elucidação foi decorrente de um projeto político, e a tese defendida por ele foi a de que "a condição de marginalidade poderá ser superada somente pelos próprios indivíduos que a sofrem, desde que as possibilidades para falar, julgar e refletir a sua experiência sejam uma conquista permanente" (Montoya, 1983, p. 1).

O autor acredita, portanto, que as condições de luta do oprimido são precárias porque este carece de instrumentos cognitivos propícios à compreensão e transformação do meio. Por isso, tem como objetivo definir, num trabalho posterior, estratégias pedagógicas que visem à superação das dificuldades cognitivas e escolares comuns entre as crianças das classes desfavorecidas. Para tanto, julga necessário responder, neste estudo, às seguintes perguntas: Qual a natureza desse distúrbio cognitivo? Que aspectos do ambiente o engendram?

A fim de responder a tais questões, Montoya realizou, numa região da cidade de São Paulo, o diagnóstico do estágio de desenvolvimento mental de crianças faveladas através de provas operatórias construídas por Piaget e sua equipe e adaptadas ao contexto brasileiro.[2] Todas as crianças testadas cursavam a primeira série do primeiro grau, embora em fai-

---

[2] Foram aplicadas as seguintes provas: conservação de quantidade (massa e líquido), inclusão de classes (animais e frutas), seriação de bastonetes, correspondência termo a termo e classificação de objetos. O estudo da construção do real foi realizado através de oito provas: passar objetos através de uma grade, construir uma bola de futebol, pular de diferentes alturas, fazer fogueira, reconhecer o efeito do vento em função do peso dos objetos, guardar objetos dentro de uma caixa, flutuar objetos numa bacia e construir uma ponte.

xas etárias muito diferentes.[3] Os sujeitos foram observados também em sala de aula e em suas atividades lúdicas fora da escola. Visitas informais aos lares possibilitaram, além de observações mais detalhadas, entrevistar mães e filhos segundo um roteiro cuja meta era obter informações sobre a natureza da relação pais-crianças.

De acordo com o autor, foi possível perceber, desde os primeiros contatos, que as crianças faveladas sabiam lidar com a natureza e com as exigências imediatas do meio físico e social, uma vez que nesse sentido existia intensa solicitação. Entretanto, intrigava-o a seguinte questão: se essas crianças sabem falar e representam as coisas, se respeitam, em suas experiências, as regularidades do real, por que fracassam na escola, nos testes e nas provas piagetianas?

Para responder a essa questão, Montoya levantou a hipótese de que as solicitações do meio centram-se em condições de sobrevivência, fundamentalmente na exigência de um "saber fazer" que não é acompanhado de uma "compreensão" do que é feito.

Outras questões que também intrigaram Montoya são assim descritas: "[...] será que no meio próximo destas crianças não existem condições para a solicitação da troca simbólica, condições estas consideradas, no marco da teoria piagetiana, como necessárias à organização da experiência a nível representativo?" (p. 3).

> As crianças carentes, neste mundo de sobrevivência, não terão desenvolvido uma verdadeira inteligência prática, assim como uma adaptação necessária e suficiente às regularidades impostas pelo meio social e físico, embora, ao nível de conceptualização, estejam atrasadas? Será que

---

[3] Participaram da amostra trinta e nove crianças entre sete e oito anos, vinte e cinco entre nove e dez anos, e vinte e uma entre onze e doze anos.

o meio social de sobrevivência dificulta precisamente a conceptualização de sua experiência e adaptação prática, causa principal do seu insucesso escolar? (Montoya, 1983, p. 12-13)

Após uma análise qualitativa e quantitativa do desempenho dos grupos de crianças das três faixas etárias, nas tarefas piagetianas, o autor chegou a duas conclusões principais a respeito dos sujeitos pesquisados: a) eles não conseguem estruturar seu pensamento de modo operatório, mesmo depois dos doze anos; b) eles levam em conta, na construção do real, as regularidades da natureza, embora esta construção não se manifeste no nível da conceptualização. Esses resultados permitiram ao autor afirmar que, na experiência e nas realizações práticas dessas crianças, o real está bem construído, mas a organização delas no nível da representação encontra-se bastante atrasada. Em outras palavras, as crianças revelam na sua experiência um "saber fazer", mas não um "compreender".

Além disso, os estudos de caso e as entrevistas com as mães levaram-no à conclusão de que, no contexto dos sujeitos de sua pesquisa, as interações sociais e a comunicação verbal existentes entre os membros da família não favorecem a troca simbólica e o exercício do pensamento.

Nesse sentido, o autor afirma, mesmo em trabalhos posteriores (Montoya, 1992), que o fato de a criança não ser solicitada a falar sobre suas experiências, a tomar consciência do que pensa, a reconstituir seus interesses e seus sonhos, não lhe dá condições necessárias para reconstruir as ações no nível da representação. Como consequência, ela acaba tendo um déficit cognitivo.

Tal pensamento é compartilhado também por outros autores, os quais consideram que a escola deve atuar no sentido de promover o desenvolvimento intelectual dos seus alunos (Chakur, 1981. Mazulo, 1990). Entretanto, como argumenta

Mantovani de Assis (1992), o atraso na construção das estruturas do pensamento das crianças brasileiras pode estar relacionado ao fracasso da própria escola, pois

- Elle ne considère pas le stade de développment dans lequel les élèves se trouvent;
- Elle n'enseigne pas les contenus qui considèrent les besoins et les intérêts des enfants;
- Elle transmet des connaissances toutes prêtes comme si elles étaient des vérités qui n'ont pas besoin d'être prouvées;
- Elle soumet l'élève à la passivité intellectuelle en ne lui donnant pas l'occasion d'élaborer et construire lui-même les connaissances par l'observation, l'expérimentation ou la recherche;
- Elle ne considère pas comment les connaissances évoluent chez l'enfant lorsqu'elle établit les contenus devant être enseignés (p. 32).[4]

Para Mantovani de Assis (1992), o processo de construção do conhecimento é análogo ao processo da pesquisa científica, pois exige do sujeito a invenção ou a reorganização dos dados. Por isso, a escola deve mudar para que os alunos consigam, de fato, construir o conhecimento. Leite (1986) chegou também a essa mesma conclusão em um trabalho realizado com crianças de um meio socioeconômico desfavorecido e acrescenta que a escola deve utilizar métodos mais

---

[4] "Ela [a escola] não considera o estágio de desenvolvimento no qual os alunos se encontram; não ensina os conteúdos que levam em conta as necessidades e os interesses das crianças; transmite conhecimentos prontos como se estes fossem verdades que não precisam ser provadas; submete o aluno à passividade intelectual, não lhe dando a oportunidade de elaborar e construir ele mesmo os conhecimentos através da observação, da experimentação ou da pesquisa; não considera a forma pela qual os conhecimentos evoluem na criança, uma vez que estabelece os conteúdos que devem ser ensinados" (Tradução da autora).

ativos, promovendo atividades espontâneas mais adequadas à estrutura mental de seus alunos.

Ainda sobre esse assunto, Freitag (1984) realizou um estudo no qual defendia a hipótese de que as diferenças sociais existentes no interior das modernas sociedades de classe repercutem de forma diferencial na construção das estruturas cognitivas da criança, tendo, na maioria dos casos, um efeito mais decisivo do que as diferenças culturais.

Para verificar esta hipótese a autora desenvolveu um trabalho na cidade de São Paulo com crianças de escolas de primeiro grau pertencentes a favelas da periferia. Os resultados desse estudo mostraram a existência de um forte suporte empírico para a tese de que o ritmo e a amplitude da psicogênese são afetados pela estrutura de classes da sociedade brasileira, em especial nas condições de um centro urbano com os contrastes de São Paulo.

Segundo Freitag (1984), o meio tem um efeito acelerador, retardador ou até mesmo bloqueador sobre a psicogênese, impedindo, em certos casos, que crianças de classes sociais desfavorecidas progridam no processo de construção e equilibração de suas competências cognitivas. Além disso, a autora constatou que a grande maioria das pessoas pertencentes à população marginalizada não atinge plenamente o último estágio do desenvolvimento cognitivo (operatório formal), apresentando, assim, "estilos cognitivos" ou competências cognitivas diferentes, não equivalentes. A cada estágio do desenvolvimento cognitivo corresponderia, pois, uma competência cognitiva e uma linguística específica. Em outras palavras, as condições materiais de vida das crianças carentes condicionam o patamar e a qualidade das estruturas de pensamento e deixam, assim como a subnutrição devida às condições precárias de vida e alimentação, suas marcas na constituição do indivíduo.

Entretanto, Freitag (1984) afirma que os resultados de sua pesquisa ainda não a autorizariam a falar em um déficit de uns em relação aos outros, no sentido de lesões orgânicas (cerebrais) irreversíveis, pois, afastando-se os fatores de bloqueio, o processo psicogenético, até então "represado", pode complementar-se.

De acordo com a autora, se as condições materiais de existência determinam não somente os conteúdos da consciência, mas também suas estruturas formais, como uma interpretação sociologizante da teoria de Piaget permite afirmar, então as crianças das classes média e alta, que vivem em um meio material e intelectualmente favorável ao pleno desenvolvimento da psicogênese, atingem mais facilmente o último estágio do desenvolvimento cognitivo.

As crianças das classes média e alta dispõem de uma vantagem não somente material, mas também cognitiva, em face das crianças da classe operária e do subproletariado que vivem à margem dos grandes centros urbanos, em um meio material e intelectualmente pobre. Estas últimas, via de regra, não conseguem atingir o pensamento formal, permanecendo em níveis operatórios inferiores, o que lhes dificulta a compreensão plena dos contextos em que vivem. Apresentam, ainda, dificuldade cognitiva de descontextualizar-se, são incapazes de pensar seu contexto a partir da perspectiva do "outro" e de abranger, de forma totalizante, as estruturas globais nas quais se insere uma e outra ótica para, um dia, modificá-las. Segundo Freitag (1984), a condição necessária, embora não suficiente, para esse tipo de compreensão abrangente é o pensamento formal descentrado, autônomo, comunicativo, que nas condições atuais constitui privilégio somente das classes média e alta. Assim, a autora argumenta que cabe à escola possibilitar aos indivíduos o seu desenvolvimento pleno.

As afirmações de Freitag (1984) de que as condições de vida determinam não só os conteúdos da consciência, mas, ainda, a qualidade das estruturas formais do pensamento foi alvo de algumas críticas feitas por Cagliari (1985).

Para Cagliari, as crianças aprendem a falar apesar das condições socioculturais, econômicas e materiais do meio ambiente em que vivem. Portanto, nem o luxo produz gente inteligente, nem a pobreza gente ignorante. Nesse sentido, Cagliari afirma que

> [...] as condições materiais não afetam a qualidade das estruturas mentais, a competência linguística, nem a manipulação do pensamento, como faculdade cognitiva. Ao longo da História da Humanidade, há uma procissão imensa de filósofos e sábios que sempre pensaram assim, mesmo porque muitos deles foram crianças paupérrimas! (p. 58).

Para o autor, a pobreza ou a riqueza não criam nem estragam necessariamente uma cultura. Esta não é privilégio de ricos nem de pobres, mas de quem a tem. Por isso, a inteligência humana não depende da riqueza nem da pobreza. Contudo, é evidente que o dinheiro ajuda a criar condições para que as pessoas e a comunidade possam atingir suas metas e fazer o que pretendem.

Cagliari sustenta ainda que o jogo sujo e injusto da sociedade não é razão para se alterar a natureza racional da espécie humana, ou seja, a capacidade cognitiva das pessoas menos favorecidas socioculturalmente. Na verdade, tal sociedade simplesmente não dá chance a essas pessoas para realizarem aquilo de que são capazes. Portanto, a falta de condições materiais não causa danos cognitivos, mas pode causar a falta de condições para o uso dessa capacidade, no sentido de realizar coisas socialmente postas ao alcance apenas das pessoas que dominam a sociedade através do dinheiro e do saber acumulado e socializado, como, por exemplo, tudo aquilo que se faz na escola ou através dela.

Partilhando, em termos, desse pensamento, Carraher, Carraher e Schliemann (1982) fizeram um balanço crítico das várias correntes explicativas do fracasso escolar das crianças marginalizadas e se propuseram demonstrar, por meio de um estudo, que as dificuldades de aprendizagem escolar dessas crianças representam, na verdade, o fracasso da própria escola.

De acordo com esses pesquisadores, o pensamento e a aprendizagem se dão num contexto cultural específico, impossível de ser ignorado, quando se pretende avaliar a competência de um indivíduo, grupo ou classe social numa habilidade ou capacidade qualquer. Embora não tenham as experiências típicas das crianças das sociedades urbano--industriais, as crianças de outras culturas não são privadas de experiências. Por isso, Carraher, Carraher e Schliemann (1982, p. 81) partem do pressuposto de que "os processos cognitivos podem ser de natureza situacional, o que implica em ser possível encontrarmos sujeitos que demonstrem uma habilidade em certo contexto e não em outro".

Transferindo esse raciocínio aplicado a diferenças culturais para o contexto de sociedades de classes, esse grupo de pesquisadores se propôs a realizar uma análise etnográfica e experimental das situações em que habilidades supostamente deficientes nas crianças pobres, dentro do contexto escolar, são praticadas pelas mesmas fora desse contexto. A habilidade escolhida para estudo foi a de resolução de problemas de matemática. Os sujeitos foram crianças e adolescentes de nove a quinze anos, com nível de escolaridade variando entre terceira e oitava série. Os sujeitos trabalhavam como vendedores ambulantes nas ruas de Recife.

A hipótese levantada por Carraher, Carraher e Schliemann (1982) para o desenvolvimento dessa pesquisa foi a de que existem discrepâncias entre o desempenho de crianças de classe baixa em situações informais ou cotidianas e seu desempenho em contextos formais, como é o caso da escola e das situações experimentais.

A fim de testar tal hipótese, os pesquisadores analisaram a capacidade de raciocínio matemático de um grupo de crianças em duas situações: 1ª) de teste informal, na qual foram avaliadas em seus locais de trabalho, ou seja, na feira, na barraca de cocos, junto ao carrinho de pipocas etc.; 2ª) de teste formal, na qual os problemas que as crianças já haviam resolvido na situação informal lhes foram apresentados em sua representação matemática, requerendo lápis e papel para a sua resolução.

Carraher, Carraher e Schliemann (1982) caracterizam o método de investigação utilizado nas situações informais como um misto de método clínico piagetiano e de observação participante: clínico piagetiano porque o entrevistador interfere na situação, propondo questões que esclareçam os processos envolvidos; observação participante porque as questões são formuladas na relação vendedor-freguês, tornando legítimas as perguntas que o segundo faz ao primeiro sobre preço e troco.

Segundo os pesquisadores citados, tal combinação de métodos permitiu-lhes verificar a competência numérica das crianças em contextos informais da vida não escolar[5] e suas dificuldades nos testes formais. Em outros termos, eles constataram que tais dificuldades eram maiores quando os problemas eram apresentados sob a forma de expressões aritméticas desvinculadas de um contexto e menores quando se inseriam em problemas que enunciavam situações concretas.

A análise dos métodos de solução de problemas utilizados nas situações informais revelou que essas crianças, em suas transações comerciais, não utilizam ou não dominam

---

[5] Cerca de 98% dos problemas formulados nesta situação foram adequadamente resolvidos.

os métodos escolares de solução de problemas aritméticos,[6] valendo-se, porém, de procedimentos "inventados", mas que levam ao resultado correto. Em função desses resultados, os pesquisadores concluíram que, se a criança fracassa na aprendizagem escolar de aritmética, tal insucesso não se deve a uma deficiência localizada na criança ou no seu contexto sociofamiliar, mas é um fracasso da própria escola, a qual se tem mostrado incapaz de avaliar as reais capacidades de seus alunos, uma vez que professores e técnicos escolares desconhecem os processos através dos quais as crianças adquirem conhecimentos e se revelam incompetentes em aproveitar os conhecimentos de que os alunos já dispõem para o processo de transmitir os conhecimentos formais. Moren et al. (1992) e Batista (1993) chegaram, também, a conclusões semelhantes em seus estudos, considerando importante, por isso, que os professores aprendam a avaliar os "erros" dos alunos, no sentido de questionar sua origem e seu significado.

Em outro estudo, Carraher e Schliemann (1983) se propuseram a investigar a base cognitiva necessária à aprendizagem, na primeira série do primeiro grau, de alguns conteúdos de matemática previstos nos guias curriculares, e sua presença ou não entre as crianças pobres ingressantes na escola.

A hipótese sobre a qual as autoras se baseiam é a seguinte:

> [...] as crianças das camadas de baixa renda demonstram um desenvolvimento intelectual mais lento e seu desenvolvimento, no momento em que elas estão engajadas na aprendizagem escolar, é insuficiente para que esta aprendizagem se realize, pois a criança não compreende ainda conceitos elementares necessários à aprendizagem escolar (p. 4).

---

[6] Como exemplos destes métodos podemos citar os seguintes: armar a conta no papel, vai um, abaixar o zero, multiplicar começando pela unidade etc.

Utilizando o modelo piagetiano de inteligência e valendo-se da análise piagetiana dos conceitos básicos envolvidos na compreensão do número, as pesquisadoras procederam à avaliação do desenvolvimento cognitivo e da aprendizagem matemática em dois grupos de crianças de diferentes níveis socioeconômicos.[7] Além disso, foram utilizadas provas estatísticas que garantiram a distinção demográfica dos grupos contrastados e possibilitaram a recusa da hipótese inicial, ou seja, não foram encontradas diferenças significativas entre os grupos quanto ao desempenho nas operações intelectuais e quanto aos resultados obtidos nas provas de matemática.

Assim, segundo essas pesquisadoras, se não foram observadas diferenças quanto ao desenvolvimento da base cognitiva necessária à matemática entre crianças de escolas públicas e particulares, em seu primeiro ano de aprendizagem de matemática, o fracasso escolar seletivo das crianças pertencentes às classes dominadas não pode ser explicado em função de um atraso em seu desenvolvimento cognitivo, mas sim devido à incapacidade da escola de compreender o seu papel de ensinar. As autoras argumentam, entretanto, que os resultados obtidos apontam para a necessidade da realização de mais pesquisas, com o objetivo de se conhecer melhor o que, de fato, acontece na escola (currículo, relações interpessoais, avaliação escolar etc.). Somente a partir deste conhecimento é que julgam ser possível alguma proposta metodológica para superação do problema do fracasso escolar.

Nos meios acadêmicos, os resultados do estudo de Carraher e Schliemann (1983) foram alvo de algumas críticas, principalmente em relação a uma falta de explicação mais detalhada

---

[7] Foram aplicadas as seguintes tarefas piagetianas: conservação, seriação, inclusão de classes, correspondência, inversão e representação simbólica de quantidades. As tarefas de matemática, baseadas nos conteúdos previstos nos guias curriculares de Pernambuco, foram: escrita e leitura de números, resolução de adições e subtrações e resolução de problemas simples que requerem adição e subtração.

das causas ou dos fatores que influenciaram o fracasso ou o êxito escolar das crianças pesquisadas (Freitag, 1985).

De acordo com Freitag (1985), porque as crianças (de diferentes classes sociais) pertencentes à amostra da equipe de Carraher e Schliemann (1983) possuem a mesma estrutura cognitiva, o mesmo desempenho, tanto nos testes piagetianos quanto nas questões aritméticas apresentadas, torna-se realmente surpreendente que a taxa de reprovação nas escolas privadas seja de 2,5%, enquanto nas públicas seja de 34%. Embora as autoras tomem esses dados como "prova" de que a escola pública "produz" o fracasso "artificialmente", Freitag (1985) argumenta que elas deixaram de levar em consideração outras hipóteses igualmente plausíveis, mas não verificadas, dentre as quais se destacam as seguintes:

> Não poderiam as escolas particulares estar adotando critérios de avaliação mais flexíveis para reterem sua clientela "pagante", justamente por motivos econômicos? Ou mesmo para "prestigiar" o nome do estabelecimento de ensino? Não poderiam ser os professores de uma e outra rede menos rigorosos em sua avaliação ou adotarem critérios de avaliação qualitativamente distintos? (p. 41).

Em um artigo mais recente, Carraher, Carraher e Schliemann (1986) respondem às críticas feitas por Freitag (1985). De acordo com os pesquisadores, a rejeição da hipótese de que o fracasso escolar seletivo das crianças pobres no início da aprendizagem de matemática possa ser explicado somente em função de atrasos no desenvolvimento cognitivo tem um significado importante. A observação do efeito (fracasso escolar seletivo das crianças pobres em matemática), na ausência da suposta causa (desenvolvimento insuficiente dos conceitos de conservação, seriação e inclusão de classes), aponta para a necessidade da busca de outras causas para o fenômeno.

Essas outras causas manifestam-se no interior da escola, uma vez que os fatores macro operam no ambiente próximo dos indivíduos, afetando sua prática cotidiana.

Todavia, Carraher, Carraher e Schliemann (1986) sustentam que, de seus estudos (1982 e 1983) foram tiradas conclusões não correspondentes ao posicionamento de sua equipe. Dessa forma, não se pode concluir, assim como fizeram Patto (1984) e Freitag (1985), que o fracasso escolar tenha a mesma explicação em todas as áreas de ensino e que ele não seja jamais explicado por níveis de desenvolvimento cognitivo insuficientes para a aprendizagem escolar. Ao contrário, um dos estudos de Carraher e Rego (1984) revelou mostrarem as crianças das escolas públicas atraso considerável com relação aos pré-requisitos cognitivos necessários para o início da aprendizagem da leitura e da escrita. Nesse caso, o fracasso pode ser explicado, pelo menos em parte, por tal atraso.

Segundo Carraher, Carraher e Schliemann (1986), conclusões definitivas sobre o significado do atraso em provas piagetianas não são possíveis, pois Piaget e Garcia (1971) reconheceram que as estruturas cognitivas, idealmente independentes do conteúdo a que se aplicam, não são indiferenciadas desses conteúdos durante o desenvolvimento. Segundo Piaget (1972), o interesse e a reflexão sobre conteúdos específicos durante o desenvolvimento certamente influenciam o desempenho dos indivíduos. Assim, a defasagem frequentemente observada em vários estudos pode ser verdadeira ou produzida por testagens em situações que favoreçam as crianças de classes dominantes. E, ainda que verdadeira, ela pode ser uma simples defasagem.

Para Carraher, Carraher e Schliemann (1986), portanto, do ponto de vista de uma teoria do desenvolvimento, um atraso no desenvolvimento não é necessariamente indesejável nem uma condição duradoura. O próprio Piaget (1970) esforçou-se para demonstrar que a ênfase, na década de 1960, na aceleração do desenvolvimento através da escolaridade (aceleração que parece ter sido de fato conseguida nos Estados Unidos e em alguns países da Europa) pode não ser desejável, e que um desenvolvimento mais lento pode representar uma base mais sólida para o desenvolvimento futuro. Assim, o atraso, ainda que indesejável, provavelmente não é permanente, desde que se ofereça uma estimulação adequada.

Ainda dentro dessa perspectiva, Moro (1986) realizou um estudo sobre o desenvolvimento da inteligência de crianças pertencentes a famílias de baixa renda e sua relação com a aprendizagem da matemática. Participaram deste estudo sessenta e três crianças com a idade média de sete anos e cinco meses, todas em início de escolarização (primeira série) e pertencentes a escolas de periferia urbana da cidade de Curitiba.

A pesquisadora tinha por meta verificar se as crianças de sua amostra possuíam o domínio operatório-concreto de certas noções básicas para a compreensão da ideia de número e das operações da matemática elementar, bem como averiguar qual era o rendimento escolar inicial em função de suas características cognitivas.

De acordo com os resultados encontrados, esse domínio operatório-concreto estava expressivamente ausente em tais crianças. No entanto, segundo Moro (1986), esse atraso evolutivo no desenvolvimento cognitivo das crianças de sua amostra era de se esperar, pois inúmeras pesquisas têm mostrado que o desenvolvimento cognitivo de crianças pertencentes a classes economicamente mais favorecidas possui um ritmo mais rápido.

Assim, para a autora, a deficiência da criança de família de baixa renda está no ritmo de seu desenvolvimento cognitivo, e não na qualidade de suas construções.

Nesse estudo, Moro (1986) definiu "desenvolvimento cognitivo" como as condutas correspondentes aos níveis evolutivos de construção de cada uma das noções de quantificação de inclusão de classes, seriação e conservação de quantidades numéricas. Essas condutas foram observadas durante a aplicação das provas clínicas correspondentes, adaptadas ao tipo de amostra estudada. Por outro lado, "rendimento escolar em iniciação em matemática" foi definido pelos resultados parciais e globais, obtidos pelos sujeitos em um teste especialmente elaborado para a pesquisa e, também, pelos resultados globais no teste da escola, destinados à avaliação de final de semestre.

De acordo com Moro (1986), o estudo permitiu constatar que a forma como a escola avalia o aprendizado da criança não exige da mesma, obrigatoriamente, a compreensão de conceitos básicos de matemática. Essa forma de avaliação, que utiliza testes padronizados, lápis e papel, é ineficiente, mas, apesar disso, é coerente com a preocupação escolar tradicional de adestrar ou mecanizar as respostas desejadas. Basta a presença de habilidades específicas, que podem ser obtidas pelo treino, para que haja sucesso em tais respostas, independentemente do nível evolutivo da inteligência da criança.

Em síntese, Moro (1986) concluiu em seu estudo que, no que diz respeito à questão do fracasso escolar das crianças de famílias de baixa renda, deve-se levar em consideração, primeiramente, a suposição de que esse fracasso configura, sobretudo, o fracasso da escola, a qual determina o sucesso ou não do aluno com base em resultados de testes que retratam as respostas, frequentemente automatizadas, os desempenhos que ela treinou e que espera estarem ali expressos. Além disso, essas respostas ou são as programadas para outros grupos sociais ou culturais, ou são versões "menos fortes" das expectativas prescritas para tais grupos, sem que a preocupação com a compreensão dos conceitos esteja em jogo.

Com relação à responsabilidade institucional no fracasso escolar das crianças de famílias de baixa renda, Moro (1986) discute ainda a natureza da aprendizagem em que a criança é julgada fracassada. Em outras palavras, ela levanta a seguinte questão: tal fracasso é realmente uma dificuldade de compreensão ou de assimilação ativa de conceitos, ou é um fracasso em dar respostas específicas a estímulos referentes a conteúdos, respostas essas muitas vezes automatizadas?

A autora acredita que somente se a aprendizagem na escola se centrar na compreensão, pela criança, do conhecimento referente aos diferentes conteúdos é que passa a ter sentido considerar o desenvolvimento cognitivo da mesma como condição necessária para aquele tipo de aprendizagem.

Em um estudo realizado anteriormente com vinte e cinco alunos da primeira série de uma escola municipal localizada em Curitiba, Moro (1983) chegou também a conclusões semelhantes, pois constatou que as noções de conservação de quantidades numéricas, a quantificação da inclusão e a seriação estavam praticamente ausentes nessas crianças, o que pode ser, segundo a autora, uma das causas do fracasso em matemática, uma vez que tais noções desempenham um papel importante na construção da ideia de número pela criança.

Ainda sob esse prisma, Camargo (1986) realizou um estudo na cidade de São Luís do Maranhão com o objetivo de comparar as características cognitivas de uma amostra aleatória de crianças ludovicenses, de diferentes classes sociais, segundo o desempenho nas clássicas tarefas-diagnóstico do período operatório concreto propostas por Piaget.

Participaram do estudo noventa e duas crianças, de ambos os sexos, de sete a onze anos. Dessas, quarenta eram crianças matriculadas nas quatro séries iniciais do primeiro grau de uma escola particular (dez crianças de cada série) e cinquenta e duas de uma escola pública (dez crianças de cada série mais doze reprovadas da quarta série).

Camargo (1986) assinala que as doze crianças reprovadas, com idade modal de treze anos, foram incluídas no estudo devido a um interesse específico: caracterizá-las separadamente, segundo o desempenho nas tarefas de inclusão de classes e conservação, consideradas por Piaget (1952) como condição necessária para todas as atividades racionais. Assim, outro objetivo da autora foi coletar novos dados que pudessem elucidar as causas das reprovações escolares.

Quanto ao procedimento experimental, Camargo submeteu todas as crianças da amostra às tarefas de conservação,[8] seriação,[9] classificação[10] e inclusão de classes.[11]

Os resultados desse estudo mostraram que as crianças ludovicenses, tanto de nível socioeconômico alto como baixo, que estavam concluindo a quarta série na idade esperada, não dominavam as noções de conservação, seriação e classificação; tampouco as reprovadas com idade modal de treze anos.

Diante desses dados, a pesquisadora elaborou a seguinte questão: como explicar, em função do meio físico e social, que crianças de diferentes classes sociais apresentem os mesmos desempenhos, as mesmas dificuldades, em todas as tarefas realizadas?

Para responder, Camargo (1986) levantou algumas hipóteses explicativas. A primeira delas seria a cobrança exagerada, nas escolas ludovicenses públicas e particulares, dos aspectos figurativos do conhecimento, já a partir do pré-primário. Segundo a pesquisadora, o próprio Piaget fez advertências sobre os perigos do uso abusivo e sistemático dos aspectos figurativos, estáticos, descritivos ou reprodutivos do conhecimento,

---

[8] Foram aplicadas provas em que foram utilizadas substâncias contínuas e descontínuas.

[9] Foi utilizada uma única tarefa de ordenação de bastões, em três momentos experimentais: a) ordenação da metade dos bastões; b) intercalação da outra metade dos bastões, tomados numa ordem casual; e c) introdução de um anteparo e construção da ordenação de todos os bastões pela criança.

[10] Foram utilizadas oito provas: agrupamento exaustivo, quantificação intensiva, classificação múltipla, negação, união de classes, agrupamento horizontal, subdivisão de classes e quantificação da inclusão e da intersecção. O material utilizado foi: quatro tipos diferentes de doces, de cores distintas e de dois tamanhos diversos.

[11] Nesta tarefa foram utilizados dois tipos de frutas da região.

desvinculados de um quadro lógico-matemático, operativo, que lhe dê coerência e sentido.

A segunda refere-se às características específicas das interações pais-filhos, às práticas de educação infantil e às consequentes variedade e natureza de suas experiências de vida. De acordo com Camargo (1986), durante sua permanência em São Luís foi possível observar que os pais de classe social alta, via de regra, trabalham fora do lar. As crianças, quando não estão na escola, passam o dia dentro de casa, sem a presença da mãe, em companhia de empregados "pouco qualificados"; não são vistas nas calçadas brincando ou tomando sol; não saem às ruas sozinhas, mesmo para caminharem curtas distâncias. Por outro lado, as crianças de nível social baixo também passam o dia sem a presença dos pais, mas ficam pelas ruas, correndo, olhando, brincando, brigando, gritando, pescando etc. Assim, tanto as crianças ricas como as pobres têm poucas oportunidades de ação que possibilitem a construção de suas estruturas mentais.

Uma terceira hipótese de Camargo (1986), fundamentada em um estudo de Bovet (1974), refere-se à falta de pressão ambiental na utilização de certas estruturas, o que pode levar à estruturação inadequada de vários conceitos. De acordo com a pesquisadora, a falta de indústrias e, consequentemente, de empregos (excetuando-se o funcionalismo público), a improdutividade econômica e o paternalismo político, características marcantes de São Luís, devem ter deixado traços profundos na população, o que pode explicar as defasagens encontradas nas diferentes classes sociais.

Assim, Camargo (1986) concluiu em seu estudo que, antes de se colocar em dúvida a influência do meio no desenvolvimento das estruturas cognitivas, é necessário discutir e descrever em detalhes este "meio" e o tipo de interação que nele se estabelece.

Para a autora, tanto as crianças pobres como as ricas podem ser prejudicadas no desenvolvimento de suas estruturas cognitivas dependendo das trocas que se estabelecem no meio em que vivem. Além disso, opina, uma vez que o meio é um dos fatores incorporados à teoria psicogenética, e responsável pelo desenvolvimento dessas estruturas, nenhum pesquisador que use como quadro conceitual a teoria de Piaget pode rejeitar o papel decisivo da influência do meio na psicogênese das estruturas do conhecimento.

Em um estudo mais recente, Camargo (1990) procurou verificar se existia alguma relação entre desempenho escolar e nível operatório (concreto e formal). Participaram da pesquisa alunos de primeiro grau e de cursos universitários. Os resultados, segundo os critérios utilizados, não permitiram vislumbrar qualquer associação entre os dois tipos de desempenho em ambos os graus de escolaridade. A autora chegou às seguintes conclusões: que os conteúdos escolares talvez não possam ser reduzidos e analisados unicamente em relação aos componentes operatórios necessários à sua aquisição; que a competência operatória é um requisito necessário à aprendizagem escolar, porém em nenhum caso se confunde com esta; que as aprendizagens escolares decorrem de atividades intencionais, sendo, contudo, ainda desconhecidos os procedimentos de elaboração desses conteúdos escolares pelos alunos.

Quanto aos estudos sobre a relação entre desenvolvimento cognitivo e fracasso na alfabetização, temos o trabalho de Carraher e Rego (1981), segundo as quais a língua portuguesa caracteriza-se por ter um sistema de escrita alfabético – cada som emitido é representado por uma determinada letra. Dessa forma, a palavra falada, uma sequência de sons, é representada graficamente por uma sequência de letras, na qual cada forma gráfica corresponde a uma forma sonora. Mas, para que se compreenda essa relação entre palavra falada e palavra escrita, é necessário que a criança tenha ultrapassado uma certa fase do desenvolvimento cognitivo, que foi chamada por Piaget de realismo nominal lógico.[12]

Nesse estudo, Carraher e Rego (1981) desenvolveram suas investigações com o objetivo de verificar a hipótese de que o realismo nominal lógico poderia se constituir num obstáculo na aprendizagem da leitura e da escrita.

Segundo as observações das autoras, o realismo nominal lógico foi analisado através de um questionário que avaliava o nível de distinção entre palavra falada e significado, tanto em relação ao tamanho das palavras como em relação às semelhanças entre elas.

Os resultados obtidos permitiram que se diferenciassem três estágios do desenvolvimento cognitivo. No primeiro, encontram-se as crianças que ainda não superaram a fase do realismo nominal. Para elas, palavras grandes representam "coisas" grandes, palavras pequenas representam "coisas" pequenas. Do mesmo modo, acham que objetos semelhantes têm nomes parecidos e objetos diferentes, nomes distintos. No segundo, considerado uma fase intermediária entre a primeira e a terceira fase, está incluído o grupo de crianças que já percebem a palavra como sequência sonora e independente do significado, mas, às vezes, ainda são traídas por suas concepções realísticas. No terceiro estágio, por sua vez, encontram-se as crianças que já superaram totalmente a fase do realismo nominal lógico, focalizando a palavra enquanto sequência de sons independentes do significado.

Segundo as pesquisadoras, os resultados finais desse estudo permitiram estabelecer uma relação positiva entre a superação da fase do realismo nominal lógico e o desempenho em leitura, ou seja, as crianças que se encontravam no terceiro estágio de desenvolvimento apresentaram uma leitura correta,

---

[12] O realismo nominal lógico caracteriza-se pela confusão que a criança faz entre a palavra falada e o objeto ou significado que ela representa.

até mesmo lendo sons que ainda não haviam aprendido. Por sua vez, as crianças que se situavam na fase do realismo nominal apresentaram grandes dificuldades para decodificar as palavras escritas – mesmo aquelas que já haviam sido ensinadas. A leitura dessas crianças era hesitante e elas não conseguiam realizar o processo análise-síntese. Verificou-se também que nesse grupo, quando havia o reconhecimento das palavras, este ocorria com base na memória e, portanto, não era generalizado para outras situações.

Através dessa pesquisa, Carraher e Rego (1981) vieram a comprovar as afirmações de Piaget de que as crianças elaboram hipóteses acerca da escrita e que essas hipóteses estão de acordo com a fase de desenvolvimento cognitivo na qual elas se encontram. Dessa forma, as pesquisadoras concluíram que o sucesso na aprendizagem da leitura e da escrita não é apenas fruto de um treinamento de habilidades, mas implica, também, a superação de um determinado obstáculo cognitivo: o realismo nominal lógico. Só quando a criança compreende ser a palavra falada independente das características do objeto que representa consegue acompanhar com facilidade o processo de alfabetização.

Pires (1988), em um estudo cujo objetivo era investigar as relações entre o acesso às estruturas operatórias concretas e o desempenho das crianças nas atividades de leitura e escrita, também chegou à conclusão de que o êxito na aprendizagem da leitura e da escrita parece estar associado ao nível operatório das crianças, pois, em seu estudo, os sujeitos com maior evolução na alfabetização foram aqueles que demonstraram progresso no desenvolvimento das operações de classificação.

Partilhando de algumas dessas ideias encontram-se ainda os trabalhos de Ferreiro (1986 e 1988) e Ferreiro e Teberosky (1986), os quais, sem dúvida alguma, trouxeram inúmeras contribuições para o pensamento educacional brasileiro, uma vez que proporcionaram uma reflexão mais profunda sobre o processo de alfabetização.[13]

Em suma, na literatura consultada encontram-se inúmeros estudos que abordam diferentes aspectos do fracasso escolar em crianças no início da escolarização. Alguns desses estudos são bastante específicos, outros procuram englobar inúmeras variáveis ao mesmo tempo. Esta última tendência começou a ser observada principalmente nas décadas de 1980 e 1990.

Seja em estudos globalizantes, seja naqueles que destacam um ou outro fator mais específico, o que se constata é que existem muitas discrepâncias entre seus resultados. Além disso, poucos são os estudos que analisam as crianças enquanto grupo (com dificuldades e sem dificuldades de aprendizagem).

Assim, com o intuito de acrescentar informações às já existentes a respeito do fracasso escolar, bem como de averiguar as afirmações feitas pelos professores dos anos iniciais, propomo-nos a investigar, neste estudo, se existem diferenças significativas entre crianças que apresentam um bom ou um mau desempenho escolar, quanto ao nível operatório.

A problemática que nos propomos a estudar se justifica pelo fato de muitas crianças serem encaminhadas, pelos professores, para os mais diversos profissionais, que, muitas vezes, se tornam coniventes com as afirmações daqueles ao assinarem laudos nos quais afirmam a incapacidade dessas crianças.

Dentre esses profissionais, o psicólogo é um dos mais requisitados pelos professores (Yaegashi, 1994, 1997; Ciasca; Corsini, 1994; Ciasca, 1994). Contudo, muitas vezes, por realizar nas crianças um exame superficial, apresentam laudos insatisfatórios, que pouco contribuem para o esclarecimento

---

[13] Para estas autoras, o processo de leitura e escrita se constitui uma aquisição conceptual, dependendo fundamentalmente da competência linguística da criança e de suas capacidades cognitivas. Portanto, o que é enfatizado é a atividade do sujeito em interação com o objeto do conhecimento.

da queixa escolar (Dechichi, 1994). Além disso, muitos desses psicólogos se atêm apenas aos resultados dos testes, não se preocupando em pesquisar a existência ou não de dados normativos para as crianças brasileiras (Araújo; Kovács, 1994). Como consequência, muitas crianças são indevidamente encaminhadas para as classes especiais ou sala de recursos, nelas recebendo, muitas vezes, mais rótulos por sua "incompetência" (Machado, 1994).

Como psicóloga, acreditamos que é imprescindível uma revisão de nossa prática, bem como a dos instrumentos que utilizamos na tentativa de compreender os fenômenos que nos propomos a estudar. Só assim estaremos efetivamente contribuindo para amenizar a questão do fracasso escolar no Brasil.

METODOLOGIA

Sujeitos da pesquisa

Participaram da pesquisa duzentas crianças, das quais foram selecionadas sessenta, sendo trinta da primeira série e trinta da segunda série,[14] todas estudantes de escolas públicas da cidade de Maringá.

Instrumentos utilizados

Foram utilizados os seguintes instrumentos: Teste das Matrizes Progressivas Coloridas de Raven – Escala Especial (Angelini et al., 1997); Teste de Desempenho Escolar (Stein, 1994); e provas operatórias de Piaget (prova de classificação, prova de inclusão de classes, prova de conservação de massa,

---

[14] Desde 2006, a duração do Ensino Fundamental, que até então era de oito anos, passou a ser de nove anos. A Lei de Diretrizes e Bases da Educação (LDB n. 9.395/96) foi alterada em seus artigos 29, 30, 32 e 87, através da Lei Ordinária n. 11.274/2006, e ampliou a duração do Ensino Fundamental para nove anos. Neste estudo, a primeira e a segunda série correspondem ao atual segundo e terceiro ano, respectivamente.

prova de conservação de comprimento e prova de imagem mental). Os critérios para a correção dos testes foram os descritos em seus manuais e os critérios para a correção das provas piagetianas foram os descritos por Yaegashi (1997).

Procedimento para a coleta de dados

Para constituirmos a amostra dos alunos que iriam participar da pesquisa, entramos em contato primeiramente com o Núcleo Regional da Educação de Maringá, para que pudéssemos obter o número de escolas estaduais em que funcionava o ensino fundamental.

Do total de escolas de ensino fundamental da Rede Estadual de Ensino foram sorteadas quatro. Em cada uma delas foram sorteadas duas turmas, uma da primeira e uma da segunda série, a fim de obtermos, no total, oito turmas, sendo quatro da primeira e quatro da segunda série. Dentre os alunos dessas oito turmas foram sorteados cem da primeira e cem da segunda série.

Nesta primeira amostragem (duzentos alunos), foi aplicado o Teste das Matrizes Progressivas Coloridas de Raven – Escala Especial[15] e um teste de escrita. Nos alunos da segunda série foi aplicado, ainda, um teste de aritmética.[16] Tanto o teste de escrita como o de aritmética fazem parte do Teste de Desempenho Escolar (TDE) elaborado por Stein (1994).

É importante esclarecer que, embora a escolha da amostra tenha sido aleatória, trabalhou-se apenas com alunos não

---

[15] O Raven foi utilizado com o objetivo de selecionarmos para a pesquisa as crianças que não apresentavam qualquer indício de deficiência intelectual.

[16] O teste de aritmética foi aplicado apenas nos alunos da segunda série porque, em Maringá, a maioria das escolas da rede estadual de ensino dá uma ênfase maior à alfabetização na primeira série, deixando para a segunda o ensino da matemática.

repetentes e que possuíssem pelo menos um ano de educação infantil.[17]

Após a correção do Raven e dos Testes de Desempenho Escolar, foram escolhidas as crianças que apresentaram os melhores e os piores resultados nos testes de escrita e de aritmética. Em seguida, foram constituídos, finalmente, os quatro grupos do estudo: um de crianças da primeira série que apresentavam um mau desempenho em escrita (n = quinze alunos); um de crianças da primeira série que apresentavam um bom desempenho em escrita (n = quinze alunos); um de crianças da segunda série que apresentavam um mau desempenho em escrita e aritmética (n = quinze alunos); e um de crianças da segunda série que apresentavam um bom desempenho em escrita e aritmética (n = quinze alunos).[18] Todas as sessenta crianças selecionadas para fazerem parte da pesquisa foram classificadas, no Raven, como intelectualmente médias ou acima da média.[19] Procuramos neutralizar, dessa forma, a variável "inteligência", cuja falta é apontada por muitos professores como a responsável pelo fracasso escolar.

Duas semanas após a aplicação e a correção do TDE e do Teste das Matrizes Progressivas de Raven, bem como após a seleção das crianças para fazerem parte dessa segunda etapa da pesquisa, começamos a aplicação das provas piagetianas. A

---

[17] Optou-se por restringir a amostra a crianças que tivessem feito a educação infantil porque, de acordo com Sá (1982) e Schiefelbein e Simmons (1980), esta variável tem grande influência sobre o rendimento escolar. Assim, após o sorteio das crianças, procuramos averiguar nas escolas se as mesmas eram repetentes e se não tinham feito a pré-escola. Caso a informação fosse positiva, sorteavam-se outras crianças para substituir aquelas que eram repetentes e/ou que não tinham frequentado a pré-escola.

[18] Mau desempenho significa que as crianças tiveram um rendimento inferior nas provas de escrita e aritmética e bom desempenho significa que tiveram um rendimento médio ou superior nestas mesmas provas, segundo a classificação de Stein (1994).

[19] Após a aplicação do teste t de Student, constatou-se que as duas amostras de crianças de primeira série e as duas amostras de crianças de segunda série podem ser consideradas iguais em termos de inteligência.

ordem de aplicação das provas foi aleatória, para neutralizar qualquer efeito de aprendizagem.

RESULTADOS

Primeira série

Na prova de classificação, a maioria dos sujeitos (dez) da 1ª CD (primeira série com dificuldades de aprendizagem) encontra-se no nível IIa, o que significa que já substituíram as coleções figurais pelas coleções não figurais. Contudo, ainda utilizam apenas um critério (cor, forma, espessura etc.) para realizar a classificação. Um sujeito encontra-se no nível I e quatro sujeitos encontram-se no nível IIb (utilização de dois critérios para realizar a classificação). Padrão semelhante pode ser constatado na 1ª SD (primeira série sem dificuldades de aprendizagem), pois dez sujeitos encontram-se no nível IIa e cinco no nível IIb. Aplicando-se a prova de Mann-Whitney, encontrou-se p= .5287, o que indica que não houve uma diferença significativa quanto ao desempenho apresentado pelos sujeitos da 1ª CD e da 1ª SD na prova de classificação. No geral, na prova de classificação, os sujeitos, tanto da 1ª CD quanto da 1ª SD, estão preponderantemente com condutas IIa, e alguns com condutas IIb. Não há registro de nível III e praticamente todos já ultrapassaram o nível I, o mais elementar de todos os níveis.

Na prova de inclusão de classes, quatorze sujeitos da 1ª CD apresentam ausência de quantificação inclusiva, ou seja, ainda são incapazes de comparar o número de elementos de uma subclasse ao de uma classe mais geral na qual ela está inclusa. Apenas um sujeito da 1ª CD apresenta a noção de inclusão de classes. Na 1ª SD, por sua vez, dez sujeitos apresentam ausência de quantificação inclusiva, um apresenta condutas intermediárias e quatro apresentam a noção de quantificação inclusiva. Aplicando-se a prova de Mann-Whitney, encontrou-se p= .0786, o que denota que não houve uma diferença significativa quanto ao desempenho apresentado pelos sujeitos da 1ª CD e da 1ª SD na prova de inclusão de classes. Contudo, há uma leve tendência do grupo da 1ª SD de se diferenciar do grupo da 1ª CD, uma vez que o valor de p não se encontra muito distante da significância estatística. No geral, na prova de inclusão de classes as crianças da primeira série foram classificadas no nível evolutivo mais elementar (ausência de quantificação) ou no superior (presença de quantificação), ainda que com uma maciça predominância do primeiro.

Na prova de conservação de massa, sete sujeitos da 1ª CD são não conservadores, ou seja, afirmam que a quantidade de massa se altera após a transformação de uma das bolas de massa de modelar. Cinco sujeitos da 1ª CD apresentam condutas intermediárias, as quais se caracterizam pela inconstância nas respostas. Três sujeitos da 1ª CD são conservadores, isto é, afirmam que as bolas transformadas continuam tendo a mesma quantidade de massa, justificando suas afirmações com argumentos lógicos de reversibilidade, reversibilidade simples e reversibilidade por reciprocidade. No que diz respeito à 2ª SD, cinco sujeitos são não conservadores, dois apresentam condutas intermediárias e oito são conservadores. Aplicando-se a prova de Mann-Whitney, encontrou-se p= .1559, o que mostra que não houve uma diferença significativa quanto ao desempenho apresentado pelos sujeitos da 1ª CD e da 1ª SD na prova de conservação de massa. Nesta prova as crianças da primeira série distribuíram-se de forma mais ou menos equitativa entre os níveis evolutivos, indicando que essa construção está mais adiantada que as duas anteriores.

Na prova de conservação de comprimento, os sujeitos da 1ª CD e da 1ª SD apresentaram exatamente a mesma distribuição nos diferentes níveis da prova. Assim, treze sujeitos da 1ª CD e treze da 1ª SD são não conservadores, ou seja, julgam os comprimentos tendo por base o critério da coincidência das extremidades. Dessa forma, após a mudança da configuração de uma das fileiras (de palitos de fósforo) passam a negar que ambas tenham o mesmo comprimento. Um sujeito da 1ª CD e um da 1ª SD apresentam condutas intermediárias, e um sujeito da 1ª CD e um da 1ª SD são conservadores, isto é, afirmam que as duas fileiras têm o mesmo comprimento, mesmo que ambas possuam configurações diferentes. Aplicando-se a prova de Mann-Whitney, encontrou-se p= 1,00, o que revela que não houve diferenças quanto ao desempenho apresentado pelos sujeitos da 1ª CD e da 1ª SD na prova de conservação de comprimento. No geral, na prova de conservação de comprimento as crianças da primeira série estão predominantemente classificadas no nível evolutivo mais elementar (não conservação), havendo poucas crianças com condutas intermediárias ou conservadoras.

Na prova de imagem mental, quinze sujeitos da 1ª CD e treze da 1ª SD encontram-se no nível II, o que significa que não utilizam sistematicamente as coordenadas externas para julgar o nível da água, mas tomam como referencial a própria garrafa. Dessa forma, o nível da água é quase sempre considerado como perpendicular aos lados, independentemente da maneira como a garrafa está inclinada. É interessante esclarecer que, geralmente, para representar o que pensam, essas crianças desenham a água paralela à base da garrafa. Contudo, em algumas situações elas representam o nível da água corretamente, embora em outras acabem por fazê-lo incorretamente. Somente dois sujeitos da 1ª SD encontram-se no nível III, o que significa que, em seus argumentos, baseiam-se na referência espacial mais ampla, usando, por exemplo, o nível da mesa como um guia na previsão do nível da água. Aplicando-se a prova de Mann-Whitney, encontrou-se p= .1501, o que demonstra que não houve uma diferença significativa quanto ao desempenho apresentado pelos sujeitos da 1ª CD e da 1ª SD na prova de imagem mental. Em termos gerais, na prova de imagem mental os sujeitos da primeira série estão predominantemente com condutas intermediárias, havendo apenas dois sujeitos da 1ª SD com condutas do nível III. Não há registro de nível I.

Segunda série

Na prova de classificação, dez sujeitos da 2ª CD (segunda série com dificuldades de aprendizagem) encontram-se no nível IIa e cinco no nível IIb. Padrão semelhante pode ser constatado em relação aos sujeitos da 2ª SD (segunda série sem dificuldades de aprendizagem), pois nove sujeitos encontram-se no nível IIa e seis no nível IIb. Aplicando-se a prova de Mann-Whitney, encontrou-se p= .7095, o que indica que não houve uma diferença significativa quanto ao desempenho apresentado pelos sujeitos da 2ª CD e da 2ª SD na prova de classificação. No geral, na prova de classificação as crianças da segunda série estão concentradas basicamente nos níveis intermediários (IIa e IIb). Não há registro dos níveis I e III.

Na prova de inclusão de classes, treze sujeitos da 2ª CD não possuem a noção de quantificação inclusiva, um apresenta condutas intermediárias e um a noção de quantificação inclusiva. No que diz respeito aos sujeitos da 2ª SD, dez não possuem a noção de quantificação inclusiva e cinco a possuem. Aplicando-se a prova de Mann-Whitney, encontrou-se p= .1590, o que denota que não houve uma diferença significativa quanto ao desempenho apresentado pelos sujeitos da 2ª CD e da 2ª SD na prova de inclusão de classes. Nesta prova os sujeitos da segunda série estão preponderantemente com condutas características do nível mais elementar (ausência de quantificação inclusiva), havendo, no entanto, uma evolução mais nítida dos sujeitos da 2ª SD, uma vez que um terço dos mesmos apresenta a noção de quantificação inclusiva.

Na prova de conservação de massa, pôde-se constatar que quatro sujeitos da 2ª CD são não conservadores, dois apresentam condutas intermediárias e nove são conservadores. Quanto aos sujeitos da 2ª SD, seis são não conservadores, três apresentam condutas intermediárias e seis são conservadores. Aplicando-se a prova de Mann-Whitney, encontrou-se p= .3069, o que mostra que não houve uma diferença significativa quanto ao desempenho apresentado pelos sujeitos da 2ª CD e da 2ª SD na prova de conservação de massa. No geral, na prova de conservação de massa os sujeitos da segunda série distribuem-se de forma mais ou menos equitativa entre os níveis evolutivos, evidenciando que esta construção encontra--se mais adiantada que as demais.

Na prova de conservação de comprimento, onze sujeitos da 2ª CD são não conservadores, um apresenta condutas intermediárias e três são conservadores. Padrão semelhante pode ser constatado na 2ª SD, pois doze sujeitos são não conservadores, dois apresentam condutas intermediárias e quatro são conservadores. Aplicando-se a prova de Mann--Whitney, encontrou-se p= .5748, o que revela que não houve uma diferença significativa quanto ao desempenho apresentado pelos sujeitos da 2ª CD e da 2ª SD na prova de conservação de comprimento. No geral, na prova de conservação de comprimento os sujeitos da segunda série foram classificados predominantemente no nível evolutivo mais elementar (não conservação), havendo, no entanto, crianças com condutas intermediárias e conservadoras.

Na prova de imagem mental, os sujeitos da 2ª CD e da 2ª SD apresentam exatamente a mesma distribuição nos diferentes níveis da prova de imagem mental. Assim, treze sujeitos da 2ª CD e treze da 2ª SD encontram-se no nível II. Da mesma forma, dois sujeitos da 2ª CD e dois da 2ª SD encontram-se no nível III. Aplicando-se a prova de Mann-Whitney, encontrou--se p= 1,00, o que demonstra que não ocorreram diferenças quanto ao desempenho apresentado pelos sujeitos da 1ª CD e da 1ª SD na prova de imagem mental. Nesta prova os sujeitos da segunda série estão preponderantemente com condutas intermediárias e com condutas características do nível III. Não há registro de sujeitos classificados no nível I.

CONSIDERAÇÕES FINAIS

O presente estudo teve como objetivo verificar se existem diferenças significativas entre crianças que apresentam um bom ou um mau desempenho escolar, quanto ao nível operatório.

Os resultados revelaram que, em termos estatísticos, não houve diferenças significativas entre os grupos quanto ao desempenho apresentado em cada uma das provas. Contudo, na prova de inclusão de classes, entre os grupos da primeira série, o valor de p (.0786) aproximou-se da significância estatística, indicando uma leve tendência do grupo da 1ª SD de diferenciar-se do grupo da 1ª CD.

Embora não tenham sido encontradas diferenças significativas entre os grupos, é importante deixar claro que, apesar de sutis, ocorreram algumas diferenças qualitativas entre eles. Em algumas provas foram encontradas ainda diferenças evolutivas da primeira para a segunda série, as quais serão descritas a seguir.

Em primeiro lugar, no que se refere à prova de classificação, constatamos que os alunos da 1ª CD e da 1ª SD apresentaram resultados muito semelhantes (predominância de condutas do tipo IIa e IIb), com uma ligeira vantagem para o grupo da 1ª SD. Entre as crianças da 2ª CD e da 2ª SD, o mesmo padrão se repetiu. Assim, em termos evolutivos, pode-se dizer que não houve uma mudança qualitativa da primeira para a segunda série.

Na prova de inclusão de classes, a maioria dos sujeitos, tanto da 1ª CD quanto da 1ª SD, não apresentava a noção de quantificação inclusiva. Entretanto, é importante ressaltar que no grupo de crianças sem dificuldades havia mais sujeitos com a noção de quantificação (quatro sujeitos) do que no grupo com dificuldades (um sujeito). Na segunda série, por sua vez, o mesmo aconteceu, pois na 2ª CD havia apenas um sujeito que apresentava o conceito de inclusão de classes, ao passo que havia cinco na 2ª SD. Contudo, no geral não houve uma mudança qualitativa de uma série para a outra.

Na prova de conservação de massa, o grupo da 1ª CD apresentou uma pequena desvantagem em relação ao grupo da 1ª SD, pois, enquanto na 1ª CD havia mais sujeitos não conservadores (sete) e intermediários (cinco), na 1ª SD havia mais sujeitos conservadores (oito). Esse padrão não se repetiu na segunda série, uma vez que no grupo da 2ª CD havia mais sujeitos conservadores (nove) do que no grupo da 2ª SD (seis sujeitos). No geral, constatamos que na segunda série há mais sujeitos conservadores (quinze) do que na primeira (onze), o que sugere uma mudança qualitativa de uma série para a outra.

Na prova da conservação de comprimento, os sujeitos da 1ª CD e os da 1ª SD tiveram exatamente a mesma distribuição entre os diferentes níveis da prova, não havendo, portanto, qualquer diferença entre eles. Na segunda série, por sua vez, o grupo da 2ª CD apresentou uma ligeira vantagem em relação ao grupo da 2ª SD, pois, enquanto no primeiro grupo havia três sujeitos conservadores, no segundo havia apenas um. Dessa forma, pode-se afirmar que, no geral, as mudanças da primeira para a segunda série foram mínimas.

Por fim, na prova de imagem mental, o grupo da 1ª SD mostrou uma diferença muito sutil em relação ao grupo da 1ª CD, uma vez que dois sujeitos apresentaram comportamentos característicos do nível III e treze apresentaram condutas intermediárias, enquanto na 1ª CD todos os sujeitos apresentaram condutas intermediárias. Na segunda série não houve qualquer diferença entre os grupos, pois distribuíram-se exatamente da mesma forma entre os diferentes níveis da prova (treze sujeitos da 2ª CD e treze da 2ª SD apresentaram condutas intermediárias e dois da 2ª CD e dois da 2ª SD mostraram comportamentos do nível III). Em termos evolutivos, não houve uma diferença qualitativa da primeira para a segunda série.

Como já foi dito, apesar dessas pequenas diferenças qualitativas entre o desempenho dos grupos nas provas operatórias, as provas estatísticas demonstraram que suas quantidades não são significativas.

Em função desses dados nos perguntamos: Até que ponto existe alguma relação entre desempenho escolar e desempenho operatório? As provas operatórias nos fornecem subsídios para a compreensão das dificuldades de aprendizagem?

As pesquisas que procuram responder a essas questões partem do pressuposto de que a inteligência é a base sobre a qual se assenta qualquer aprendizagem particular e que, portanto, o aluno com um melhor desempenho operatório deve necessariamente apresentar também um bom desempenho escolar. Contudo, esse pressuposto não foi confirmado em nossa pesquisa, e, assim como esperávamos, não houve diferenças significativas entre o desempenho dos sujeitos dos diferentes grupos. Ou seja, as crianças podem apresentar operatoriedade e ir bem ou mal na escola, sendo que a recíproca também é verdadeira.

Essa constatação nos leva a questionar a prática muito comum do uso das provas operatórias no diagnóstico psicopedagógico, pois, se não existe uma relação consistente entre desempenho operatório e desempenho escolar, por que tais provas continuam sendo utilizadas por psicólogos e psicopedagogos (como se fossem testes padronizados), tanto no ambiente clínico quanto no escolar?

Não faz sentido utilizar provas operatórias como instrumento de diagnóstico psicopedagógico, pois, segundo Corrêa e

Moura (1991), o interesse de Piaget, ao elaborar tais provas, era outro, ou seja, sua preocupação residia em compreender o processo de construção do conhecimento e não em estabelecer a relação entre a presença de determinadas estruturas e a aquisição de conteúdos escolares.

Contudo, não estamos querendo afirmar, com isso, que não exista qualquer relação entre desempenho operatório e desempenho escolar, mas sim que essas relações não estão suficientemente claras. Em outros termos, acreditamos que a competência operatória é um requisito necessário à aprendizagem escolar; entretanto em nenhum caso se confunde com esta. Fazemos tais afirmações com base nos argumentos de Coll (1992), o qual ressalta que as aprendizagens escolares decorrem de atividades intencionais, mas ainda não conhecemos totalmente os procedimentos de elaboração desses conteúdos pelos alunos. Segundo Coll, seria importante a realização de estudos psicogenéticos dos conteúdos escolares, à semelhança do que fizeram Ferreiro e Teberosky (1986), pois, caso contrário, torna-se difícil determinar a relação existente entre os conteúdos escolares e as construções exploradas pelas provas piagetianas.

Além disso, como bem argumentam Carraher, Carraher e Schliemann (1986), o fato de o fracasso escolar não ser explicado somente pelo atraso no desenvolvimento cognitivo aponta para a necessidade da busca de outras causas para o fenômeno, as quais se manifestam no interior da escola. Nesse sentido nos perguntamos: Não poderia a má formação do professor estar contribuindo para a produção do fracasso escolar e, ainda, para o atraso no desenvolvimento cognitivo dos alunos?

Embora não tenhamos encontrado uma relação íntima entre desempenho operatório e rendimento escolar, podemos afirmar que ainda não temos nada de conclusivo sobre essa questão. Sabemos que o desenvolvimento cognitivo é um fator importante para as aprendizagens escolares. Contudo, o que se constata é que a escola não tem aproveitado o conhecimento das etapas de construção das competências cognitivas para a realização de uma prática que propicie uma aprendizagem significativa. Nessa mesma perspectiva, Mantovani de Assis (1992) afirma que a escola não ensina conteúdos que levem em conta as necessidades e os interesses dos alunos, mas se preocupa apenas em transmitir conhecimentos prontos, como se fossem verdades absolutas. Essa prática acaba por submeter o aluno à passividade intelectual, uma vez que lhe nega a oportunidade de elaborar e construir os conhecimentos através da observação, da experimentação e da pesquisa.

Embora cientes de que este estudo não abarca toda a complexidade dos fatores envolvidos na questão do fracasso escolar, esperamos que ele sirva de referência para pesquisadores de diversos domínios e que represente uma parcela de contribuição para um melhor entendimento do baixo rendimento escolar das crianças provenientes dos segmentos mais pobres da sociedade.

Sabemos, contudo, que os questionamentos explicitados ao longo deste estudo precisam ser aprofundados e retomados por todos aqueles que se interessam genuinamente não apenas pela educação (enquanto processo formal que se esgota em si mesmo), mas, sobretudo, pela educação enquanto prática social voltada para a maioria da população, até hoje dela excluída.

Como as características individuais aqui estudadas não foram suficientes para explicar o bom ou o mau rendimento escolar dos sujeitos da pesquisa, acreditamos ser importante, ainda, a busca de outras explicações para o fenômeno, as quais podem estar presentes no interior da escola (metodologia do professor, relações que se estabelecem entre a equipe técnica da escola, tipo de avaliação etc.).

Apesar de ser impraticável realizar estudos que englobem simultaneamente todos os fatores que influenciam direta ou indiretamente a aprendizagem, é de suma importância que os pesquisadores não deixem de considerar em suas conclusões os aspectos psicológicos, antropológicos e sociológicos que permeiam a realidade das crianças estudadas, pois, caso contrário, correm o risco de fazer uma análise reducionista das complexas relações que envolvem o ensino e a aprendizagem (Yaegashi, 1994).

Implicações pedagógicas

Pensamos que a apresentação detalhada da presente pesquisa auxilie o professor a repensar as temáticas das dificuldades de aprendizagem. Não existe uma sala de aula na qual elas não estejam presentes. Portanto, este é um desafio antigo e sempre atual para a escola. Acreditamos que o professor necessita refletir sobre alguns pontos importantes:

- Conhecer as fases do desenvolvimento cognitivo infantil.

- Estar atento a esse desenvolvimento e a cada indício de construção do conhecimento do seu aluno pode lhe oferecer caminhos para auxiliar a superação das dificuldades de aprendizagem de seus alunos.

- Repensar os encaminhamentos indiscriminados. O trabalho para a superação das dificuldades de aprendizagem depende de muitos fatores e de um trabalho interdisciplinar no qual o próprio professor é a peça-chave. Portanto, não adianta esperar a cura e o milagre dos especialistas: psicopedagogo, psicólogo, neurologista, fonoaudiólogo etc.

- Abandonar um aluno com dificuldade de aprendizagem, rotulá-lo ou simplesmente encaminhá-lo a um especialista implica reprodução de práticas sociais excludentes na escola e na própria vida da criança.

- Conforme o resultado de nossa pesquisa, a culpa da dificuldade de aprendizagem nem sempre está no aluno ou nas suas características pessoais e particulares. O fenômeno da dificuldade de aprendizagem é complexo e precisa considerar outros aspectos, tais como: metodologia em sala de aula, relação professor aluno, as questões de motivação e interesse, avaliação, planejamento, estratégias de ensino, entre tantas outras.

- Finalmente, quando a escola considera o desenvolvimento cognitivo do aluno, ela investe em relações entre o sujeito e o conhecimento pautadas na autonomia intelectual, no incentivo ao pensar, raciocinar, levantar hipóteses, testá-las, enfim, na busca de uma escola que supere as dificuldades de aprendizagem e invista no desenvolvimento pleno do aluno.

REFERÊNCIAS BIBLIOGRÁFICAS

ANGELINI, A. et al. *Manual das matrizes progressivas coloridas*. São Paulo: Casa do Psicólogo, 1987.

ARAÚJO, E.; KOVÁCS, J. Avaliação psicológica e queixa escolar. In: XVII INTERNATIONAL SCHOOL PSYCHOLOGY COLLOQUIUM. *Abstracts*. Campinas: Associação Brasileira de Psicologia Escolar, 1994.

BATISTA, C. G. Fracasso escolar: análise de erros em operações matemáticas. In: XXIII REUNIÃO ANUAL DE PSICOLOGIA. *Resumos de comunicações científicas*. Ribeirão Preto: Sociedade Brasileira de Psicologia, 1993.

BOVET, M. C. Cognitive Processes among Illiterate Children and Adults. In: BERRY, J. W.; DANSEN, P. R. *Culture and cognition;* Readings in Cross-Cultural Psychology. London: Methuen & Co. Ltd., 1974. Cap. 1.

CAGLIARI, L. C. O príncipe que virou sapo. *Cadernos de Pesquisa* 55 (1985) 50-62.

CAMARGO, D. A. F. Desempenho operatório e desempenho escolar. *Cadernos de Pesquisa* 74 (1990) 47-56.

_____. Um estudo piagetiano com crianças ludovicences. *Cadernos de Pesquisa* 57 (1986) 71-77.

CARRAHER, T. N.; REGO, L. B. Desenvolvimento cognitivo e alfabetização. *Revista Brasileira de Estudos Pedagógicos* 65 (1984) 38-65.

_____; _____. O realismo nominal como obstáculo na aprendizagem da leitura. *Cadernos de Pesquisa* 39 (1981) 3-10.

_____; SCHLIEMANN, A. D. Fracasso escolar: uma questão social. *Cadernos de Pesquisa* 45 (1983) 3-19.

_____; CARRAHER, D. W.; SCHLIEMANN, A. D. Cultura, escola, ideologia e cognição: continuando um debate. *Cadernos de Pesquisa* 57 (1986) 78-85.

_____; _____; _____. Na vida, dez; na escola, zero. *Cadernos de Pesquisa* 42 (1982) 79-86.

CHAKUR, C. R. S. L. *Desenvolvimento cognitivo do aluno e currículo da escola de 1º grau;* um estudo das relações entre desenvolvimento das classificações e ensino de Ciências. Dissertação de mestrado apresentada no Programa de Pós-Graduação em Educação da Universidade Federal de São Carlos. São Carlos, 1981. 158f.

CHIAROTTINO, Z. R. *Em busca do sentido da obra de Jean Piaget;* pequena contribuição para a história das ideias e para a ação do psicólogo num país de contrastes. Tese de livre-docência apresentada no Instituto de Psicologia da Universidade de São Paulo. São Paulo, 1982.

CIASCA, S. M. *Distúrbios e dificuldades de aprendizagem em crianças;* análise do diagnóstico interdisciplinar. Tese de doutorado apresentada no Programa de Pós-Graduação em Ciências Médicas da Universidade Estadual de Campinas. Campinas, 1994. 199f.

_____; CORSINI, C. F. A interação professor-aluno frente à dificuldade escolar. In: XVII INTERNATIONAL SCHOOL PSYCHOLOGY COLLOQUIUM. *Abstracts.* Campinas: Associação Brasileira de Psicologia Escolar, 1994.

COLL, C. As contribuições da psicologia para a educação: teoria genética e aprendizagem escolar. In: LEITE, L. B. (org.). *Piaget e a Escola de Genebra.* São Paulo: Cortez, 1992.

COLLARES, C. A. L.; MOYSÉS, M. A. A. A história não contada dos distúrbios de aprendizagem. *Cadernos Cedes* 28 (1992) 31-47.

CORRÊA, J.; MOURA, M. L. S. Uso de "provas piagetianas" como instrumento diagnóstico: questionando uma prática consensual. *Cadernos de Pesquisa* 79 (1991) 26-30.

DECHICHI, C. Encaminhamento de alunos à classe especial. In: XVII INTERNATIONAL SCHOOL PSYCHOLOGY COLLOQUIUM. *Abstracts.* Campinas: Associação Brasileira de Psicologia Escolar, 1994.

DOMAHIDY-DAMI, C.; LEITE, L. B. As provas operatórias no exame das funções cognitivas. In: LEITE, L. B. (org.). *Piaget e a Escola de Genebra.* São Paulo: Cortez, 1992.

FERREIRO, E. *Alfabetização em processo.* São Paulo: Cortez, 1986.

_____. *Reflexões sobre alfabetização.* São Paulo: Cortez, 1988.

_____; TEBEROSKY, A. *Psicogênese da língua escrita.* Porto Alegre: Artes Médicas, 1986.

FREITAG, B. Piagetianos brasileiros em desacordo? Contribuição para um debate. *Cadernos de Pesquisa* 53 (1985) 33-44.

_____. *Sociedade e consciência;* um estudo piagetiano na favela e na escola. São Paulo: Cortez, 1984.

LEITE, I. C. N. Desenvolvimento cognitivo e escolaridade: um estudo realizado com crianças de meio socioeconômico desfavorecido. *Cadernos de Pesquisa* 58 (1986) 69-76.

MACHADO, A. M. Classe especial: um encontro da saúde com a educação. In: XVII INTERNATIONAL SCHOOL PSYCHOLOGY COLLOQUIUM. *Abstracts.* Campinas: Associação Brasileira de Psicologia Escolar, 1994.

MANTOVANI DE ASSIS, O. Z. *A solicitação do meio e a construção das estruturas lógicas elementares na criança.* Tese de doutorado apresentada no Programa de Pós-Graduação em Educação da Universidade Estadual de Campinas. Campinas, 1976. 189f.

_____. Sollicitation du milieu: une contribution à la réduction de l'échec scolaire. In: *Psychologie genetique cognitive et échec scolaire. Actes du Colloque International.* Lyon: Úniversité Lumière, 1992.

MAZULO, A. P. R. *Relação entre desempenho de crianças em tarefas piage-tianas de seriação e inclusão de classes e os resultados escolares em matemática.* Dissertação de mestrado apresentada na Universidade Federal de Pernambuco. Recife, 1990.

MONTOYA, A. O. D. *De que modo o meio influi no desenvolvimento cogni-tivo da criança marginalizada;* busca de uma explicação através da epistemologia genética de Jean Piaget. Dissertação de mestrado apresentada no Programa de Pós-Graduação em Psicologia Escolar do Instituto de Psicologia da Universidade de São Paulo. São Paulo, 1983. 210f.

MONTOYA, A. O. D. Reconstruction de la capacité de représentation des enfants marginalisés: une recherche d'intervention. In: Psychologie genetique cognitive et échec scolaire. Actes du Colloque International. Lyon: Úniversité Lumière (1992) 25-33.

MOREN, E. B. S.; DAVID, M. M. M. S.; MACHADO, M. P. L. Diagnóstico e análise de erros em matemática: subsídios para o processo ensino-aprendizagem. *Cadernos de Pesquisa* 83 (1992) 43-51.

MORO, M. L. F. A construção da inteligência e a aprendizagem escolar de crianças de famílias de baixa renda. *Cadernos de Pesquisa* 56 (1986) 66-72.

_____. Iniciação em matemática e construções operatório-concretas: alguns fatos e suposições. *Cadernos de Pesquisa* 45 (1983) 20-24.

PATTO, M. H. S. A criança marginalizada para os piagetianos brasileiros, deficiente ou não? *Cadernos de Pesquisa* 51 (1984) 3-11.

PIAGET, J. *A equilibração das estruturas cognitivas;* problema central do desenvolvimento. Rio de Janeiro: Zahar, 1976.

_____. Intellectual Evolution from Adolescence to Adulthood. *Human Development* 15 (1972) 1-12.

_____. Piaget's Theory. In: MUSSEN, P. H. (Org.). *Carmichael's Manual of Child Psychology.* New York: John Wiley, 1970.

_____. *The Child's Conception of Number.* New York: Humanities, 1952.

_____. The Relation of Affectivity to Intelligence in the Mental Development of the Child. *Bulletin of the Menninger Clinic* 26 (3) (1962) 129-137.

_____; GARCIA, R. *Les explications causales.* Paris: Presses Universitaires de France, 1971.

PIRES, Y. M. C. O desenvolvimento de estruturas operatórias concretas e a aprendizagem inicial da leitura em crianças de baixa renda. *Arquivos Brasileiros de Psicologia* 2 (1988) 63-72.

SÁ, M. A pré-escola como fator diferencial. *Arquivos Brasileiros de Psicologia* 34 (1982) 80-92.

SCHIEFELBEIN, E.; SIMMONS, J. Os determinantes do desempenho escolar: uma revisão de pesquisas nos países em desenvolvimento. *Cadernos de Pesquisa* 35 (1980) 53-71.

STEIN, L. M. *TDE – Teste de Desempenho Escolar;* manual para aplicação e interpretação. São Paulo: Casa do Psicólogo, 1994.

YAEGASHI, S. F. R. *Aprendizagem de possíveis e inclusão de classes.* Dissertação de mestrado apresentada no Programa de Pós-Graduação em Educação da Universidade Estadual de Campinas. Campinas, 1992. 153f.

_____. Fracasso escolar: as contribuições da epistemologia genética. In: XVII INTERNATIONAL SCHOOL PSYCHOLOGY COLLOQUIUM. *Abstracts.* Campinas: Associação Brasileira de Psicologia Escolar, 1994.

_____. O fracasso escolar nas séries iniciais: um estudo com crianças de escolas públicas. Campinas, Faculdade de Educação, Universidade Estadual de Campinas, 1997, 218f. (Tese de Doutorado).